- 河北省社会科学基金项目（项目编号：HB14WT005）；
- 河北省高等学校人文社会科学研究优秀青年基金项目（项目编号：SY14114）；
- 河北经贸大学学术著作出版基金资助项目

传统媒体与新媒体融合下的人性化媒介研究

以移动互联网终端iPad为例

景义新 著

中国社会科学出版社

图书在版编目（CIP）数据

传统媒体与新媒体融合下的人性化媒介研究：以移动互联网终端 iPad 为例／景义新著 .—北京：中国社会科学出版社，2015.8
ISBN 978 - 7 - 5161 - 6408 - 2

Ⅰ.①传… Ⅱ.①景… Ⅲ.①传播媒介—发展—研究—中国 Ⅳ.①G219.2

中国版本图书馆 CIP 数据核字（2015）第 147296 号

出 版 人	赵剑英
责任编辑	赵 丽
责任校对	季 静
责任印制	王 超

出　　版	中国社会科学出版社
社　　址	北京鼓楼西大街甲 158 号
邮　　编	100720
网　　址	http：//www.csspw.cn
发 行 部	010－84083685
门 市 部	010－84029450
经　　销	新华书店及其他书店

印刷装订	三河市君旺印务有限公司
版　　次	2015 年 8 月第 1 版
印　　次	2015 年 8 月第 1 次印刷

开　　本	710×1000　1/16
印　　张	11.25
插　　页	2
字　　数	201 千字
定　　价	39.00 元

凡购买中国社会科学出版社图书，如有质量问题请与本社营销中心联系调换
电话：010－84083683
版权所有　侵权必究

序　言

欣闻景义新将出版专著《传统媒体与新媒体融合下的人性化媒介研究——以移动互联网终端 iPad 为例》，并嘱我为此书作序。传统媒体与新媒体融合乃传媒业之大势所趋，同时亦上升为国家发展战略。党的十八届三中全会做出"推动媒体融合发展"的重大战略部署，中央全面深化改革领导小组第四次会议又审议通过《关于推动传统媒体和新兴媒体融合发展的指导意见》，并指出"推动传统媒体和新兴媒体融合发展，要遵循新闻传播规律和新兴媒体发展规律，强化互联网思维，坚持传统媒体和新兴媒体优势互补、一体发展，坚持先进技术为支撑、内容建设为根本，推动传统媒体和新兴媒体在内容、渠道、平台、经营、管理等方面的深度融合"。移动网络终端 iPad 正为此提供了良好的媒体融合平台。

在媒体融合的时代背景下，该书以移动互联网终端 iPad 为例，探讨传统媒体与新兴媒体融合的人性化媒介形态，既具学术研究的前瞻性，又深刻地反映了业界全媒体转型的现状，为我国媒体融合发展探索提供了新思维和经验鉴借。该书分别从人性化媒介属性、人性化诉求、人性化生产、人性化消费和人性化反思等方面对 iPad 展开研究，深入分析媒体融合的人性化媒介形态。

iPad 作为一种新兴媒介形态，介于电脑和手机之间，兼具移动网络终端和媒体融合平台之属性，集各种媒体优势于一身。根据美国学者保罗·莱文森的媒介进化理论，可以将 iPad 看作一种新型的"补救性媒介"和"人性化媒介"。

从媒介进化的"补救性媒介理论"来看，iPad 对传统印刷媒体和广电媒体移动性的不足进行了补救，同时也对电脑和手机等网络媒体终端的触屏效果不佳进行了补救。从媒介进化的"人性化趋势理论"来看，iPad 遵从媒介进化的人性化趋势，实现着超时空的无缝化媒介延伸，以"终端统一"的新形态打开了媒介融合的崭新局面。从印刷媒体到广电媒体再到网络媒体，都在 iPad 上找到了新的起点。iPad 新媒体形态在内容构成和形式设计上与前媒体最大的不同在于，iPad 能运用全景式的媒介手段再现真实世界，不仅满足人的全面信息需求，而且充分体现了对人的主体价值之尊重。iPad 用户在媒体的使用和消费上采取不同以往的"应用"模式，充分尊重消费者主权，形成了一种独特的人性化消费模式。

该书在分析 iPad 作为人性化媒介的基础上进而提出：iPad 为传统媒体与新兴媒体融合搭建了一个人性化的媒介平台。在这个平台上，iPad 媒体有着独特的生产运营模式、注重应用开发创新、汇集筛选媒体信息、探索平台经营模式，这正充分体现了新兴媒体的发展规律。今后的媒体融合仍可沿着 iPad 的探索路径，坚持以先进技术为支撑、内容建设为根本，推动内容、渠道、平台、经营、管理等方面的深度融合。

该书特别注意到伴随新媒体出现的媒介异化问题。书中提出媒介技术文化变迁正迅速增进人们对媒介的依存性，使媒介成为左右人本身的异己力量，越是人性化的媒介就越容易导致人的异化。为消除媒体进程中的负面效应，该书进而尝试性地提出了消除 iPad 异化现象的若干策略，这对促进传统媒体与新兴媒体融合的良性发展，具有现实指导意义。

从理论贡献而言，该书运用媒介进化理论来研究 iPad，并综合运用传统媒体与新媒体融合的相关理论探讨 iPad 媒体，尤其是将媒介进化理论引入媒体融合发展领域，具有一定理论创新价值；同时，为媒体融合领域提供了一种新的研究视角，开阔了我们对新兴媒体的研究视野，有助于提升我国传统媒体与新媒体融合发展的认识。

就实践意义而言，该书聚焦 iPad 应用，深入分析媒体融合下的人性化媒介形态，不仅对传媒业界借助 iPad、智能手机等移动终端拓展媒体提供了经验，同时也对我国传统媒体与新媒体深度融合发展开启了新的渠道和平台。

当然，该书依然存在可供完善之处。比如：媒体融合理论与 iPad 个案分析的结合方面、关于人性化媒介的理论把握和论述方面、关于 iPad 调查数据的更新方面、关于 iPad 与最新媒体形态如微信的结合方面，等等。但总体而言，该书依然不失为一本可资传媒学界和业界借鉴的有益读本。

我的学生景义新自从跟随我攻读博士学位之后，学术研究进步很快，在读期间发表多篇重要论文，其中有与我合作的，也有其独立完成的。博士生学业完成后，刚就职于河北经贸大学就申报获得了一项"国家社科基金青年项目"和一项"河北省高校人文社科优秀青年项目"，这表明其具有一定的理论基础和科研能力。从传统广播、电视研究到视听新媒体研究再到媒体融合的交叉研究，景义新的研究视野逐渐开阔，愿景义新在新闻传播教学与研究方面取得更多更好的成绩！

华中科技大学广播电视与新媒体研究院院长　石长顺　教授

2014年10月

目 录

第一章 导论:传统媒体与新媒体融合下的 iPad 价值 …………… (1)
    第一节   iPad 的媒介影响与研究意义 ……………………… (1)
    第二节   iPad 与媒介进化及人性化的文献 ………………… (4)
    第三节   iPad 研究的思路方法与创新点 …………………… (22)

第二章 人性化媒介:iPad 对旧媒体的补救 ……………………… (25)
    第一节   iPad 作为补救性媒介的理论基础 ………………… (25)
    第二节   传统印刷媒体的不足与 iPad 补救 ………………… (28)
    第三节   传统电子媒体的不足与 iPad 补救 ………………… (31)
    第四节   网络媒体终端的不足与 iPad 补救 ………………… (34)

第三章 人性化诉求:iPad 的媒介化延伸 ………………………… (40)
    第一节   iPad 的媒介人性化 ………………………………… (40)
    第二节   iPad 的再现自然化 ………………………………… (45)
    第三节   iPad 的使用人本化 ………………………………… (49)

第四章 人性化生产:iPad 媒体的独特形态 ……………………… (54)
    第一节   iPad 的媒体化发展 ………………………………… (54)
    第二节   iPad 媒体的人性化形态 …………………………… (65)
    第三节   iPad 媒体的生产运营 ……………………………… (92)

第五章 人性化消费:iPad 媒体的"应用"模式 …………………… (109)
    第一节   消费者主权与 iPad "应用"消费 …………………… (109)
    第二节   iPad 人性化的工具使用 …………………………… (118)

iPad，发布 iPad 媒体应用客户端，尤其是默多克的新闻集团投资 3000 多万美元，并抽调 100 多名报界精英全力打造专属 iPad 的报纸《日报》(The Daily)。在国内，截至 2013 年 2 月 20 日，三年多一点儿的时间里，仅中国大陆就有 170 个报纸发布了 iPad 应用客户端，杂志类应用数量更是庞大，在苹果应用商店共可以检索到 1000 余个中文杂志类应用，广播电视台也有北京广播电台、中国广播网、中国网络电视台、中央电视台、新华电视等数家登陆 iPad。传统媒体与 iPad 的融合为人们提供了更为人性化的信息获取方式与独特体验，前所未有地改变着当下的媒介生态。

美国麻省理工学院媒体实验室的创始人尼葛洛庞帝将 iPad 等 iPad 视为"新的图书、新的报纸、新的杂志和新的电视屏幕"，尤其对纸媒形态而言，新闻集团总裁默多克认为将来可能越来越多地由传统纸媒向 iPad 等 iPad 过渡。[①] 密苏里大学雷诺兹新闻研究所的调查显示：在美国 iPad 用户中，使用 iPad 阅读新闻的比例最高，有 75% 的人每天花 30 分钟用 iPad 阅读新闻，而周一至周五通过报纸阅读新闻的只有 21%，用电视的为 53.8%，用电脑的为 55.1%。[②] 美国 Harris Interactive 公布的民意调查结果显示：15% 的美国人使用 iPad 或 Kindle 电子阅读器来阅读报刊书籍。2010 年美国 Reynolds Journalism Institute（RJI）调查显示：与纸质媒体和智能手机比：近四分之三的受访者（73%）认为，在 iPad 上的阅读体验超过纸质报纸的阅读体验。2011 年 RJI 调查表明：84% 的受访者认为最受欢迎的 iPad 用途是"追踪突发新闻和时事新闻"，其次受欢迎的是"在闲暇时间阅读图书、报纸和杂志"（82%）。另据美国科技博客 Business insider 和调查公司 NPD 统计，大约 75% 的 iPad 用户愿意用 iPad 代替纸质书阅读。不少美国上班族将 iPad 视为贴身电子工具，iPad 能在车站、机场、公园、广场、医院候诊室甚至长途列车上，实现任何时候任何地点地满足阅读需求。对于拥有孩子的家庭而言，iPad 则一定意义上成为家庭保姆，孩子们对通过 iPad 进行的阅读、图片欣赏、视频观看、游戏等非常感兴趣，因此 iPad 可以为父母减轻照看孩子的繁重任务。美国 Forrester 的调查数据显示，美国的 iPad 用户将 iPad 用于工作和生活的比例为 26%，在家中最常使用 iPad，客厅是使用最频繁的场所，接着就

---

① 毛磊：《iPad 或令传统报业找到新机会》，《中国传媒科技》2011 年第 10 期。
② 王松苗、路倩雯：《iPad 冲击下的报业生存》，《新闻战线》2011 年第 8 期。

是卧室。[①] 市场研究机构 Forrester 的分析师罗特曼表示，"人们用 iPad 阅读《华尔街邮报》或躺床上看电视，在部分场合，iPad 已取代了笔记本电脑、电视和纸质媒体"。与国外相比，国内专门针对 iPad 的使用调查还不多见，中国互联网消费调研中心的《2011 年中国苹果 iPad/iPad 2 用户调查研究报告》显示：51.1% 的用户认为，iPad 阅读体验好于纸质媒体，55.4% 的用户认为 iPad 阅读体验好于电纸书，近八成用户认为 iPad 阅读体验优于智能手机，52.5% 的用户购买 iPad 的主要用途是"读电子书/报纸"。

此外，中国国务院新闻办公室于 2012 年 4 月 6 日正式亮相 iPad，推出"国新办"应用程序供 iPad 用户免费下载，主要内容包括"新闻发布会"、"政府白皮书"、"国家形象片"等，相关内容还在不断更新和丰富。"国新办"应用程序的主要目的是扩大国务院新闻办新闻发布会、政府白皮书的覆盖面和影响力，更好地向世界介绍中国，提升中国国际形象。

通过以上观察，本书认为 iPad 的影响力是不容忽视的。同时，通过文献检索，发现对 iPad 在媒体应用方面的研究很不充分，大多停留在现象描述层面，没有对其展开全面而系统的研究，尤其是理论性的学理研究极为匮乏。因此，本书将加强对 iPad 的理论和业务全方位、多层面的研究。

二　iPad 的研究意义

（一）理论意义

本书运用媒介进化理论来研究 iPad，而 iPad 媒体传播将媒介进化理论引入新媒体发展领域，具有一定的理论价值。

第一，本书运用"补救性媒介"（remedial media）理论来分析 iPad 属性，让我们清晰地看到 iPad 作为一种最新的补救性媒介，既对传统媒体存在的缺陷和不足进行了补救，也对新媒体领域电脑和手机传播的缺陷和不足进行了补救，即 iPad 将电脑和手机二者的特性完美结合。在媒介演进历程中，只有不断出现新媒体对旧媒体缺陷和不足的补救，媒体才能不断进化，从而更好地满足人们的需求。

[①] ［美］罗杰·菲德勒：《美四大机构五项调查：谁在使用 iPad》，《新闻实践》2011 年第 9 期。

第二，本书对 iPad 人性化展开了较为完整的理论研究。此前，大多数研究只是简单提及 iPad 是人性化的媒介，却基本上没有对 iPad 人性化进行论证，更没有对 iPad 人性化进行完整和系统的分析。本书从 iPad 的人性化诉求、人性化生产以及人性化消费等方面，详尽地分析了 iPad 人性化，从而完整地展现了人性化的 iPad 媒介形态。

第三，本书通过媒介进化理论分析 iPad，不仅能提高我们对 iPad 媒体传播的什么理论认识，同时还将媒介进化理论引介到新兴媒体研究领域，开阔了我们研究新兴媒体的理论视野，能够使我们更为清晰和理性地面对新兴媒体，将在一定程度上避免对新兴媒体的片面认识和描述层面的浅显研究。

(二) 实践意义

本书是对 iPad 展开的系统性研究，在实践层面有着重要意义，对业界的 iPad 媒体实践和受众的 iPad 理性使用均有启发意义。

第一，本书对 iPad 媒体的生产进行了详细解析，使我们更清楚地认识到目前 iPad 媒体实践中的经验和教训，尤其是本书对国外代表性的 iPad 媒体生产运营实践的引介和分析，使得国内业界可以从中学习国外先进的实践经验，有利于改进中国 iPad 媒体的业务水平。

第二，本书除解析目前国内外 iPad 媒体的业务实践外，还对 iPad 媒体的未来趋向做了前瞻性分析，这将有利于传媒业界针对 iPad 媒体未来发展趋势做出正确决策，启发业界遵从 iPad 媒体的发展规律，促进传统媒体更好地开发 iPad 媒体应用产品。

第三，本书可以增进受众对 iPad 的理性认识并更有效地使用 iPad 媒体。通过详细分析 iPad 的消费状况，使得 iPad 受众能够更理性地面对 iPad 消费，全景式地认识 iPad 媒体应用情况，促进受众更有效地选择和使用 iPad 媒体，全方位地满足信息需求。

第二节　iPad 与媒介进化及人性化的文献

一　关于媒介进化论的研究文献

美国学者保罗·莱文森（Paul Levinson）的媒介进化理论奠定了他在媒介理论研究中的地位。媒介进化理论主要包括：媒介进化的"人性化趋势理论"、"补救性媒介理论"、"媒介演化的三阶段理论"等。

(一) 媒介进化的人性化趋势理论

保罗·莱文森在1979年的博士学位论文《人类历程回顾：媒介进化理论》中首次提出了媒介进化的人性化趋势理论，他在考察媒介进化历程的基础上借用自然进化论提出了这个创新性的观点，将人比作自然环境，人对媒介进行理性选择，只有适合人性的和满足人类需求的媒介才能够生存。

用达尔文主义的观点来看，媒介之间互相竞争，纷纷争夺人们的注意力，通过争夺我们的时间让我们去惠顾或购买它们的信息。我们决定是出去看电影还是待在家里看电视、是看书还是看录像、是打电话还是发电子邮件，每一次做出的决定，其实都是在为媒介的兴衰做出一点儿小小的贡献。我们人类可以说是媒介种群生存的环境。因此，媒介的进化并非自然选择，而是我们人类的选择——也可以说是人类的自然选择。[①] 在此，媒介也遵循了"适者生存"的规律，唯有适合人类需求的媒介，才能生存和发展。

在保罗·莱文森看来，人类选择媒介的标准是很高的，既要媒介延伸人类交流的范围和能力，又要不扰乱人类天然存在的内在生理特性。因而，媒介的走向是产生更加符合人性需求的形式，存活下来的媒介是能够适应人类某种内在生理特性需要的，这种走向就是媒介演化的"人性化趋势"。[②]

保罗·莱文森认为"媒介演化有一个涵盖一切的模式或者规律，那就是媒介演化的方向和前技术时代的人类传播方式越来越协调一致，与此同时媒介还要维持着超越时空的延伸。人类通过明确地、有意识地运用理性，基本上掌握着这个媒介演化进程，媒介不会压倒我们人类选择的能力。也许媒介有时候会使我们麻木或者着迷，但是这种状态总是短暂的"。[③]

保罗·莱文森在考察前技术时代的人类传播模式中，提出了媒介进化的"小生境"（ecological niche）原理，并将其视为媒介进化的普遍原理。该原理认为任何媒介的存活系数都与前技术时代传播环境的接近程度直接相关。媒介的进化趋势，其实是可以越来越好地复制真实世界，甚至一些媒介和传播环境达到了一定的和谐一致。和传播环境比较协调的媒介往往

---

① ［美］保罗·莱文森：《手机：挡不住的呼唤》，何道宽译，中国人民大学出版社2004年版，第12页。
② 同上书，第147页。
③ ［美］保罗·莱文森：《数字麦克卢汉：信息化新纪元指南》，何道宽译，社会科学文献出版社2001年版，第262页。

就能够存活下来,而不必发生大的变化。相反,那些和传播环境不太协调的媒介,就不得不在进化过程中产生急剧变化。这非常类似于生物进化的规律:一些有机体比如海星,亿万年维持不变而存活下来,其他一些有机体要么已经灭绝,要么变得面目全非。存活下来的生物能够找到自己的小生境,而其他生物则要继续寻找自己的小生境。纵观媒介进化的历程,媒介回应的环境是一种前技术环境,在这个环境里形成的再现真实世界的方式是人们所喜欢或希望达成的。一般而言,当一种媒介对前技术环境做出了一定回应,或者与前技术世界某些基本元素接近时,这个媒介就是找到了它的小生境,只有这样,这个媒介才能继续存活下去。根据保罗·莱文森的分析,广播之所以没有被电视取代,是因为广播符合一种前技术世界"只听不看"的传播模式;电影默片被有声片取代,是因为"只看不听"在人类前技术传播情境中并不存在;黑白摄影被彩色摄影取代,是因为黑白颜色不符合前技术传播的真实特征;静态摄影能够在动态摄影的环境里存活下来,是因为静态符合前技术世界传播方式的某个特征,静态是一种普遍的感知,缺乏色彩却不是普遍现象。

所谓前技术,其构造成分里有几个可靠的"类别":(1)前技术的内容,比如颜色、第三维、声音和颜色等,它们是我们用摄影术再现的。(2)前技术的程序,比如同步性、互动性、及时性,它们是我们用电子媒介再现的。(3)最模糊的构造成分是想象力,它不是我们用技术进行文学再现或复制的源泉,而是给技术的延伸机制本身提供刺激。保罗·莱文森认为"前技术"传播必须满足两个条件:(1)所考察的传播模式,能否独立于复制它的技术而存在,或者说是否可以在技术或缺的情况下存在。(2)从历史观点来看问题,该传播模式是否在复制它的技术开发出来之前就已经存在。比如,人对颜色的感知能力被认为是前技术,这是因为人类能够在摄影术和电视出现之前就看到颜色,这是显而易见的。同理,在没有电话的情况下,我们也可以互动交流,我们在电话出现之前的互动交流能力也是不容否认的。这些事实强有力地证明了媒介的进化和有机体的进化一样,"如果一种媒介符合前技术传播的某一方面或某一个模式,那么这种媒介就一定会存活下来,无论接踵而至的媒介是什么"。[①]

[①] [美]保罗·莱文森:《数字麦克卢汉:信息化新纪元指南》,何道宽译,社会科学文献出版社2001年版,第73页。

广播、静态摄影存活下来，变化不大，因为它们复制了前技术世界的一个相当狭窄的范围或因素。但与此同时，也有一部分媒介尝试复制前技术环境里比较宽广的范围，比如电影电视就协调了广阔的视像和声像，这样的媒介也维持下来了，但它们经过了显著的形态变化。于是我们看到，电视形象的尺寸增加了10多倍，动态摄影发展到全息术的第三维度。这说明，一种媒介尝试复制的真实世界范围越宽，它就越是不得不复制，以便存活下来而不至变化太大。用电视捕捉住运动、声音和近似性之后，人们的胃口被吊的越高，他们就越想要一种无所不包的媒介，一种涵盖前技术一切方面的媒介。如此激发的欲望给延续不断的电视革命提供了燃料。与此同时，虽然静照和广播在复制前技术世界时表现得无声无息，可是它们在媒介星空的旮旯里却能够找到安身立命之地。所以除了媒介存活的一般原理之外，我们还要加上一个重要的系数："对媒介的生存而言，复制前技术环境的精确度比复制前技术环境的范围更为重要。"①

保罗·莱文森还提出了媒介进化的"净利"原理。"20世纪50年代，三维电影诞生不久就夭折了。三维电影提供真实世界的第三维度，复制真实世界的程度很高，但是看三维电影时，观众不得不戴上特制的、外观丑陋的眼镜，而且观众的脑袋还必须相对固定不动，而真实世界里不需要这些条件，看二维的媒介也不需要这些条件。三维电影失败的案例表明，媒介能够存活下来，不仅要和前技术传播环境接近，而且得到相似性的同时也不能牺牲某些方面。在第三维的技术再现里，'净利'原理和小生境的相关性说明，全息术和三维电影不同，它提供肉眼从各个方向上看到的第三维，可能比三维电影更富有活力。"②

"媒介进化的人性化趋势，使得媒介再现真实世界的能力不断增强，同时也在维持或增加媒介的时空延伸。以前的旧媒介，尽管可能它们复制真实世界的水平比较差，但是只要它能提供新媒介丧失的时空延伸就可存活。它说明，进化的人性化趋势，不是回到前技术传播环境，而是实现技术世界的延伸，这种延伸完全超越了前技术传播的生物本能之局限。"③

"多种媒介还可以通过协同合作达到传播的小生境，从而接近前技

---

① ［美］保罗·莱文森：《莱文森精粹》，何道宽编译，中国人民大学出版社2007年版，第36页。
② 同上。
③ 同上书，第37页。

好地满足人类的信息需求，在一种媒介出现某种缺陷时，人类理性总会创造另一种新的媒介来对这个缺陷进行补救。

（三）媒介进化的"三个阶段"理论

保罗·莱文森通过观察人类媒介的宏观演变历程，将媒介进化分成了如下三个阶段。①

第一个阶段，一切交流都依赖生物学意义上的感知和认知方式，表现为眼睛、耳朵、记忆和想象。在这个阶段，一切交流都只能够在感官允许的范围内进行和完成，自然界能够被直接感知到的一切东西都可以成为我们交流的一部分。这个阶段一直维持到雕刻、涂鸦、绘画、书写等传播方式的兴起。

第二个阶段，为了改善记忆，为了记录我们耳闻目睹的东西，我们发明了文字之类的传播技术，我们凭借这些技术就可以跨越生物学极限和跨越时空进行交流。和记忆力相比，这些信息形态对处在远方的和未来的人而言不那么容易消亡，其他人可以跨越时空接收到这些信息。于是，我们就进入了一个新的阶段。为了取得这个阶段的优势，我们也付出了代价：文字失去了语音、形象和三维的真实世界。实际上，为了用文字跨越时空交流，除了思想和抽象描述之外，写东西的人不得不放弃其余的一切东西。莫尔斯电码是书面词的抽象，书面词又是口语词的抽象，口语词又是脱离现实的抽象。电报是为了交流而让现实做出了最大牺牲，形成了这一阶段的高峰。

第三个阶段，鉴于第二阶段媒介的得失，逼迫我们寻找更好的媒介，以便我们在超越生物学极限的同时又可以不失去自然的世界。电话使我们可以用语音交流而不是用莫尔斯电码交流。收音机给我们提供的是口播的新闻，而不是文字书写的新闻。电视给我们提供的是更加逼真的视听新闻。到了这个阶段，传播技术的发展使我们既可以远程交流、长时间交流，在任何时间、任何地方获取一切信息，又可以传播真实的形象和声音以及抽象的语词，从而不失去自然的世界。

（四）媒介进化的"社会制度化"理论

Rudolf Stober 提出了媒介进化的"社会制度化"理论。他认为："媒

---

① ［美］保罗·莱文森：《手机：挡不住的呼唤》，何道宽译，中国人民大学出版社2004年版，第151页。

介进化不仅是由技术发明带来的一个结果,更重要的是它需要一个新技术的社会制度化过程,通过这一过程就可以改变媒介自身。在设计出了新媒介之后,需要发展出一种新的经济模式,并且需要创造一个新的政治框架和法律规范,从而使得人们接受这种新媒介。而当这种制度化过程结束时,媒介自身已经发生了根本的变化。因此技术在发明阶段最重要,社会制度化则在创新阶段最重要。"[①] 可以说,技术成就了发明,社会化成就了新媒介。

"新技术给社会展示了新的可能性,新媒介在内容上的发展、新的经济模式、新的政治法律框架至少有着集中的体现,实际上这也是一个实验性的阶段。从经济角度看,当一种新的经济模式到来时创新即告完成。"[②]

比较困难的是,如何从法律框架和传播政策的角度来界定创新阶段。"针对新媒介的法律框架在创新阶段结束的时候将得到发展,而随着创新的结束,扩散阶段就开始了。在扩散阶段,新媒介成为了一种面向大众的新文化技术,这个阶段的一个重要特点是使用新媒介变得比较廉价。由此来看媒介进化的确是一个复杂的过程,主要取决于人们的使用与满足,人们正是基于此来认同新的文化技术。新的法律框架就是在新媒介被社会接受的基础上,结合了旧媒介政策的特点而重新设定的。"[③]

媒介的生命周期率表明:"媒介会变得越来越廉价,这是经济上一个普遍规律。商人很重视边际利润,由于产品生命周期的后期比周期的前期获取的边际利润要少,所以他们总是希望开发出新的产品或新的商业模式。进化理论与此有着明显的相似性。媒介市场就是媒介的生存环境,媒介生命的多样性依赖于市场竞争,而媒介技术发明总是以前面的已经被社会制度化的发明为基础。"因此媒介技术进化与社会经济是不可分割的。[④]

(五) 媒介进化的其他理论

媒介现场感理论。媒介现场感理论由道格拉斯·冈比提出,他将媒介进化史看成一个不断减少"现场感成本"的进行曲,人们总是倾向于选择那些付出较少成本就能达到现场感的媒介,这成为我们观察媒介进化的

---

① [美] Rudolf Stober:《媒介进化是什么——新媒介历史的理论化阐释》,《国际新闻界》2007年第10期。
② 同上。
③ 同上。
④ 同上。

从以上诸多对 iPad 属性的界定来看，可以得出如下几点基本看法。

第一，iPad 具有传播媒介的基本属性，准确地说，iPad 是一种新型传播媒介。

第二，iPad 比一般媒介的功能和效果更为强大和全面。

第三，iPad 是融合了多种媒体优势、多种平台于一身的新媒体平台。

综合以上诸种定义：iPad 是介于电脑和手机之间、集各媒体优势于一身、兼具移动网络终端和媒体融合平台的新兴媒介。

(二) 关于 iPad 引发传统媒体变革的研究

关于 iPad 引发传统媒体的变革，这是目前研究的热点，占据了 iPad 媒体传播研究的绝大部分文献。研究普遍认为，借助 iPad 平台的完美体验和强大功能，传统媒体将获得新的发展机遇，甚至拯救日渐陷入危机中的传统纸媒产业。

首先，iPad 为报业发展带来新空间。这成为诸多报刊 iPad 战略的原始动力并预示了报业的数字化未来，报业必须顺应这一趋势才能在移动互联时代实现"数字化生存"。iPad 比智能手机屏幕大，比笔记本电脑更便于携带和易于使用，屏幕尺寸使其可以用印刷版的版式呈现报刊内容，触摸屏的界面让用户通过翻页方式阅读，从而重建读者与电子版报刊之间的"亲密接触"，部分还原了人们熟悉的纸媒阅读体验。正是 iPad 所具有的优势，包括独特阅读、迅速推广带来的潜在市场、大大节省的报纸发行成本、付费阅读的可行模式等，使很多媒体拓展了内容与服务的新空间，这也成为诸多报刊 iPad 发展战略的原始动力，并坚信 iPad 能够拯救传统报业。① 还有研究认为移动终端的阅读模式将成为最主流的阅读模式。iPad 作为贴身电子工具可以随时随地满足人们的阅读需求，以 iPad 为代表的触控型移动个人数字终端必将成为不可忽视的报纸阅读载体。只有清醒认识并顺应这个趋势的报媒，在这种移动终端兴起之时及早抓住机遇，才可能成为未来的赢家，才能在移动互联时代实现自己的"数字化生存"。②

---

① 毛磊：《iPad 或令传统报业找到新机会》，《中国传媒科技》2011 年第 10 期；黄楚慧：《报纸消亡和报社新媒体布局》，《新闻传播》2010 年第 6 期；彭兰：《iPad 传播：新空间与新模式》，《对外传播》2011 年第 2 期。

② 吕国先、何小军：《触控型移动数字终端对报业的影响》，《新闻界》2011 年第 2 期；胡佳莹、尤建忠：《iPad 美国市场面面观及其对传统出版业的影响》，《出版参考》2011 年第 9 期；王赛男、杨新敏：《美国传统媒体与 iPad 的融合之路》，《新闻研究导刊》2011 年第 5 期。

其次，iPad 促进了报纸形态的巨大变革。借助 iPad，报纸衍生出全新形态的媒体，改变了传统的报纸呈现和编发模式，报纸在新的形态下获得新生，并努力打造贴身的数字化新闻纸。研究认为，iPad 报纸将报纸特征和 iPad 特性完美融合，既能够完美还原报纸的形态及视觉功能，并且完整展示平面印刷的广告效果，又能借助 iPad 的功能给予用户不同的人性化阅读体验，iPad 报纸既保持了原有版面编排，同时又可嵌入音视频等多媒体手段，内容更加具有吸引力，加上随时随地连接网络又弥补了报纸的时效性不足。iPad 在传统报纸与新媒体间进行了无缝对接平移，由此，报纸进化为一种全新形态的媒体，报纸在新的形态下获得新生。[1] 报纸的这种新形态将改变传统的采编出版方式，除了内容选择与编排上的重新调整，其排版设计也随之变化，更凸显图片和视觉效果，为满足横屏和竖屏两种阅读方式拓展了更多方向和维度的排版模式，大量增加动画、声音、影片及其他多媒体效果也成为编排重点。[2] 国外 iPad 媒体的个案研究更具体地展现了 iPad 媒体的形态特征。《日报》是国外最受关注的 iPad 报纸，它在编排过程中尽可能多地采用和穿插精美图片、视频短片和彩色动画，为用户打造视觉盛宴；打破平面媒体与电子媒体之间的界限，大量运用了多媒体和特效技术，视频音频广泛采用，打造出 iPad 独家的内容生产和体验，还原了"纸"的形态、"读"的精髓和信息的价值，延伸了"纸"的功能和"读"的空间。[3] 但《日报》急需解决如何提供其与传统纸媒及其电子版相区别的内容这一问题，同时也需关注收费途径的多样性、给消费者提供更大自由度以及培养用户付费习惯。[4]

再次，iPad 为报业开创了新的经营模式。iPad 采用客户端付费应用模式为媒体创造了一个全新营销平台，为付费阅读和广告找到突破口，

---

[1] 石长顺、景义新：《中国报业的 iPad 生存》，《现代传播》2012 年第 5 期；杨秀国、李行：《iPad——报纸发展的革命性变革》，《采写编》2011 年第 6 期；张振华：《从 iPad 热看传统媒体的转型》，《青年记者》2010 年第 22 期；刘晓博：《iPad 时代报业的走向》，《新闻知识》2011 年第 1 期。

[2] 王松苗、路倩雯：《iPad 冲击下的报业生存》，《新闻战线》2011 年第 8 期；张磊：《新形态和新经济：iPad 的英国报纸与杂志》，《青年记者》2011 年第 23 期。

[3] 范东升、梁君艳等：《The Daily：传统报业进军 iPad 世界的一场试验》，《新闻与写作》2011 年第 7 期；周瑜、周逵：《iPad〈日报〉横空出世的背后及启示》，《中国记者》2011 年第 3 期；余婷：《iPad 来了，它能否拯救世界报业——从〈华尔街日报〉iPad 报说开去》，《新闻实践》2010 年第 7 期。

[4] 林娜、黎斌：《iPad 给力新闻集团引领"平板"策略》，《新闻界》2011 年第 1 期。

报业只有深入研究用户需求特征及习惯，抢入用户备选单并不断创新用户需求，才能占据 iPad 市场空间。基于苹果开创的付费应用程序模式，iPad 为媒体创造了一个全新的内容投放和收费平台，使多年来深受内容免费困扰的媒体真正找到了实现内容收费的可行性盈利模式。它改变了报纸媒体运营的旧思路，开发了一种新的方式，为互联网时代提供了一种可能的有效盈利模式，从而让传媒业看到"钱"途。而且 iPad 的高清触摸屏幕非常适合呈现全屏广告，为广告商提供了更具吸引力的发展空间。因此，iPad 不仅为报纸挽回流失的受众提供了难得的机遇，而且为传统媒体的两大盈利支柱——付费阅读和广告找到新的突破口。①iPad 带来的基于移动平台的客户端应用模式，简化了获取信息的路径，强化了专业化服务，将各种应用累积促进"长尾"需求的满足，有助于固化受众的习惯，同时借助平台效应，将一个客户端内提供的信息推送到更广阔的平台上被更多的人接受，并通过大平台提供通信、游戏、音影、娱乐等多样化服务，分担了电子阅读经营的成本压力。②iPad 带来的"屏幕阅读"的巨大前景，成为中西报业的共同选择，报业需要对用户构成、使用习惯、兴趣需求等问题作深入系统分析，提供对用户有价值的内容产品，抓住机遇抢先进入用户备选单，并努力创新用户需求和市场空间。③

最后，iPad 报纸的未来趋势。传统媒体与 iPad 平台的融合是不可阻挡的发展趋势，iPad 报纸的基本趋向是由"报纸 iPad 版向全媒体 iPad 报发展、由依托传统媒体运营向 iPad 媒体独立运营、由免费使用向付费使用过渡"。④iPad 将打破传统媒体中平面、电视、广播等媒体天然

---

① 毛磊：《iPad 或令传统报业找到新机会》，《中国传媒科技》2011 年第 10 期；邓建国：《报业的拯救者还是技术公司"渠道为王"？——美国报业 iPad 应用观察与思考》，《新闻记者》2011 年第 6 期；王松苗、路倩雯：《iPad 冲击下的报业生存》，《新闻战线》2011 年第 8 期；周瑜、周逵：《iPad〈日报〉横空出世的背后及启示》，《中国记者》2011 年第 3 期。

② 彭兰：《iPad 传播：新空间与新模式》，《对外传播》2011 年第 2 期；胡佳荧、尤律忠：《iPad 美国市场面面观及其对传统出版业的影响》，《出版参考》2011 年第 9 期；程婷婷：《iPad 上的新闻图片客户端》，《中国记者》2011 年第 6 期。

③ 郜书锴：《论报业转型中的新经济模式》，《中国出版》2011 年第 5 期；王松苗、路倩雯：《iPad 冲击下的报业生存》，《新闻战线》2011 年第 8 期；林娜：《从平板应用看报业的数字化未来》，《中国报业》2011 年第 8 期；刘学义：《移动终端的杂志"客户端模式"》，《北京理工大学学报》（社会科学版）2012 年第 2 期。

④ 石长顺、景义新：《中国报业的 iPad 生存》，《现代传播》2012 年第 5 期。

的界限,未来传统媒体要么自己实现多元化内容的生产能力,要么多家不同类型的媒体进行整合,打造成全媒体,媒介融合将成为一种动态趋势。①

在期刊方面,研究认为 iPad 非常适合展现杂志图文并茂的特点,开发面向 iPad 的 APP 应用将是新的传播渠道和利润增长点。随着 iPad 等更多的 iPad 上市,更多 iPad 的服务平台建立和完善,数字期刊会有更大的消费市场。未来期刊业是围绕建立、维护、拓展用户关系而存在和发展的数字期刊,它不再仅是纸质版的数字重现,更多特写、更多照片、更多幻灯片、更多视频,更多生动活泼和有感染力的内容,甚至更多只适合数字期刊的内容会展现在 iPad 期刊读者的眼前。② 在数字出版方面,有研究认为随着 iPad 在中国的发展,基于 iPad 的数字出版成为趋势,这就要求出版集团对内容资源进行针对性的开发,然后在 iPad 平台销售,形成有效的完全不同于传统的销售和收入模式。③ 在电视方面,有研究分析了 iPad 等新媒体终端对于电视的重要意义,认为网络化是一个大趋势,中国电视生活不再只由电视机决定,接收终端将变成 iPad、电脑或手机,这将会导致电视文化的巨大改变。④

(三) 对 iPad 重构传统媒体的质疑性研究

首先,iPad 也并不完美,传统媒体仍有 iPad 不能取代的优势。iPad 不具备笔记本电脑综合性的强大超链接功能,也没有手机的通话功能,"完美"的受众必须随身携带电脑、iPad、手机,从而成为一种累赘,而传统的报纸、电视依然是中国广大受众接收信息的最主要方式,iPad 不是取代传统媒体,而是推动媒体和受众进一步细分,给予不同群体不同环境下的多种选择。纸质媒体自有其不可取代的优势,低廉价格、手持目视的自然质感、看完即扔的随意性等符合人性需求的特点,决定了其他新媒

---

① 杨国强:《iPad 是传统媒体的救命稻草吗》,《IT 经理世界》2010 年第 12 期;罗昶:《基于 iPad 的传统报刊数字化衍变层次分析》,《编辑之友》2011 年第 12 期。

② 尤建忠:《国外 iPad 上的期刊自办发行现状初探》,《出版广角》2011 年第 7 期;彭晓文:《中国期刊在 iPad 平台发展的思考》,《新闻记者》2011 年第 12 期;王冉:《iPad 一声哨响,期刊业转世的比赛开始了》,《中国广告》2011 年第 3 期;韩梦怡:《iPad 报纸杂志类应用现状及用户体验观察——以 iPad 为例》,《无线互联科技》2012 年第 1 期。

③ 李爽:《迎风而立——2010 年 iPad 带来的出版业数字化趋势分析》,《出版广角》2010 年第 11 期;杨萦子:《出版业 iPad 应用的优劣势分析》,《出版参考》2011 年第 23 期。

④ 张颐武:《电视的"临界点":电视文化的三大趋势》,《环球》2011 年第 7 期。

体不可比拟,尤其杂志向深阅读挺进并注重价值观和文本表达,这成为杂志的发展机会。①

其次,质疑 iPad 盈利模式有效性的研究。中国报刊要想借助 iPad 平台及其影响实现转型、走出困境,难度要比西方同行大得多,iPad 在中国的普及程度不高、无线上网条件太差、中文应用太少、早已习惯享受网上"免费午餐"的消费者不愿付费阅读,在当下,iPad 对于媒体的意义仍然是营销大于盈利。而且中国报刊的 iPad 应用绝大多数是中文应用,无法被广大国外 iPad 用户所关注,从而不具备赖以"薄利多销"的"长尾"。② iPad 也并不简单地等同于媒体终端,而是一个非常多元化的娱乐平台。报纸 iPad 终端必须面对游戏客户端、微博、QQ 等社会化媒体终端等可怕的全范围竞争,并且还无法准确识别受众,生产方式和盈利模式深受苹果限制,iPad 报纸发布必须经过苹果公司审核批准,一部分利润被苹果公司通过捆绑式销售无情获取。③ 另外,iPad 版稳定独立的商业模式尚未形成,现在 iPad 版的中国报纸均为免费,且极少有广告,鲜有收入。④ iPad 能否拯救深度报道遭受质疑,网络时代也很难保证版权不受侵犯。⑤

美英主流报纸数字业务付费革命之路也因为受到种种制约而变得迷雾重重、前途未卜,《日报》风头虽劲但迅速倒闭;新闻聚合服务创业公司 Ongo 的个人订制新闻服务刚面世就不被看好;《纽约时报》网络版收费计划历经漫长等待终于出笼但成效如何仍有待观察。这场关于免费与付费的争论注定还将继续。⑥

---

① 章宏法:《报业转型五问——传统媒体数字化战略反思》,《中国记者》2012 年第 2 期;张艳、范以锦:《当传统报纸遇到 iPad》,《新闻前哨》2011 年第 3 期;李北陵:《"iPad 电子报纸"未必是"救星"》,《青年记者》2011 年第 4 期;朱学东:《iPad 来了,传统杂志如何生存?》,《传媒》2012 年第 2 期。

② 盛佳婉、范以锦:《当纸媒拥抱 iPad,付费梦想能否照进现实》,《新闻实践》2011 年第 4 期;唐润华:《看上去很美——iPad 之于传统报刊》,《中国记者》2011 年第 1 期;胡泳:《iPad 颠覆了什么》,《中国企业家》2010 年第 9 期。

③ 陈国权:《iPad:不能成为报业未来的救星》,《中国报业》2011 年第 15 期;陈禹安:《纸媒"iPad 转型"四大战略疑点》,《中国记者》2011 年第 2 期;尹明华:《产业发展:从想象到现实》,《传媒》2010 年第 9 期。

④ 朱学东:《iPad 来了,传统杂志如何生存?》,《传媒》2012 年第 2 期;吕怡然:《报纸将在 iPad 上变形转型?——iPad 上的中国报纸以及初步阅读体验》,《新闻记者》2010 年第 11 期。

⑤ 冯叶:《适应还是死亡:美国新闻业的苹果之路》,《中国报业》2011 年第 21 期。

⑥ 甘恬:《美英主流报纸数字业务付费革命之路》,《新闻实践》2011 年第 4 期。

从以上关于 iPad 带来传统媒体变革和机遇的研究以及对 iPad 重构传统媒体的质疑性研究，我们可以获得一些启发：新媒体不断涌现是媒体发展的规律，这是传统媒体不容忽视的现实，iPad 只是最新出现的新媒体而已，不管 iPad 能否真正带来传统媒体变革和机遇，传统媒体向新媒体转型都是必然的趋势。可以预见的是，未来将是更趋多元化的新媒体样态，媒体世界的繁荣发展、公众服务的不断提升都需要多样化的媒介生态。报纸是否继续有着强大生命力，这取决于其自身能否在市场竞争中保持优势和前进的动力，这就要求报纸应当随着媒体生态的变化而不断革新，稳步加快与新媒体的融合进程，归根结底是更好地满足受众信息需求。

综上所述，iPad 这一新兴媒介，虽然到目前仅诞生三年多时间，却受到传媒学界和业界的大量关注，无论追捧还是质疑，都表明 iPad 媒体在媒介理论和现实层面的影响是不容忽视的。但是，现有研究基本上都是关注实践层面的研究，并且对实践的观察和分析尚不够全面细致，概括的较多、详解的较少；国内的较多、国外的较少；研究生产的多、研究消费的少。更应引起注意的是目前缺乏对 iPad 展开深层次的理论性研究。这些都为本书的进一步研究提供了巨大的研究空间。

三　关于"人性化"的研究文献

"人性化"是从哲学上衍生而来的一个概念。在当今时代，"人性化"已不仅是一个学术性概念，还作为一个生活化用词大量存在于人们的日常话语中，如人性化理念、人性化设计、人性化产品、人性化服务、人性化管理、人性化教育、人性化环境、人性化社会，等等。

"人性化"，从其词的构成上看，是将词语"人性"与后缀"化"组合。"化"是"附着在名词或形容词的后面构成动词，表示转变成某种状态或性质，如现代化、商品化、美化、净化、淡化"。[①] 何道宽先生在对笔者征询对"人性化"的看法中提出："'人性化'是媒介走向对人越来越友好。这里的'化'没有转化的意思，而是指一个趋势和走向。""人性"与"化"构成的"人性化"一词，显然该词的含义主要取决于"人性"一词的含义。

---

① 李行健：《现代汉语规范词典》，语文出版社 1998 年版，第 208 页。

关于"人性"一词,《新编古今汉语大词典》将之定义为:"人性:人的本性,人所具有的正常的感情和理性。"① "人性"一词由"人"与"性"构成,"人"是张三李四等的总称,"性"是不能独立存在的东西,是依赖于、附属于实体的东西,因而叫作"属性",所谓人性,也就是人所具有的属性,人在此是全称,是指一切人,人性也就是一切人共同地、普遍地具有的属性,是人生而固有的普遍本性,一方面是人生而固有的自然本性,另一方面是人生而固有的社会本性。② "人性"的含义非常复杂,有研究认为"人性"是一个复杂的变化着的动态系统,这一系统的结构包括人的属性结构和人性的样态结构。人的属性结构是指"以实践为基础的人的自然属性、社会属性和精神属性的统一体",人性的样态结构是指"个体人性、群体人性和类人性的现实统一"。不同个人和群体由于所处环境和实践差异具有不同的人性,类人性则是人类作为类的存在所具有的人性,这三种样态在内容上相互交叉。③

在"人性"的基础上来理解"人性化"。研究认为"人性化"依据人性的要求,合乎人性需要,以人性的全面发展为方向。它既包括人的自然属性、社会属性和精神属性的充分发展,也包括个体人性、群体人性和类人性的全面发展。这是在上述"人性"的基础上对"人性化"的逻辑延伸。人性化,就是要一切以人为目的,以人为中心,以满足人的生存和发展需要为根本宗旨,以服务于人为基本价值导向,体现人的要求,为人的自由而全面发展创造条件。它不仅是对待人的一种应然态度和基本理念,同时,它更是人类的一种实践,在人类的一切活动中贯彻人性化的理念,使得人类的生活环境、生活内容及方式更加美好。④ 可将"人性化"概念视为实际生活中凝练出的一种对人的存在价值与意义的哲学表达,特指让人类的活动逐渐符合人的本质的发展,逐渐符合人的积极正当的需求,并且逐渐达到真善美和自由的过程。⑤

人的活动为什么要符合人性化的要求?人们为什么要树立人性化理

---

① 胡裕树:《新编古今汉语大词典》,上海辞书出版社1995年版,第178页。
② 王海明:《几个人性难题之我见》,《长春工业大学学报》(社会科学版)2008年第1期。
③ 李友谊、于秀艳:《关于人性化的哲学思考》,《船山学刊》2006年第2期。
④ 同上。
⑤ 李友谊:《人性化理念的哲学基础》,《齐鲁学刊》2007年第1期。

念?这是人类发展中提出的人性化的两个根源问题。有研究从哲学层面论证人性化理念的理论根基,认为人作为世界中的最高存在和人自身的主体,其在价值世界中的至上地位是人性化理念的哲学基础。①

与"iPad 人性化"直接相关的还有"技术人性化"和"媒介人性化"概念。

刘易斯·芒福德在"技术人性化"的研究上很有造诣,他将技术视为人类最高文化的重要构成部分,但反对人类纯粹工具理性的倾向,指出"人类之所以跟动物存在根本区别,不仅在于人在功用意义的追求,这仅是一种工具理性,此外还有人所具有的价值理性,即追求人性的意义"。刘易斯·芒福德还提出现代科技应致力于技术艺术化和人性化,努力促进人际关系的和谐和人机界面的友好。在今天这个以"巨机器"为代表的单一技术时代,机器成为奴役人的主人,而人自身却沦为机器的奴隶,应该打破这种局面,向多元和民主的技术转变,实现人在技术中的主体地位,实现技术的人性化转变。②还有人将"科技人性化"界定为"科技的人文化、人道化,以克服科技与人背离、无视人的状态,把科技完全建立在人的基础上,以人为本,始终围绕人的生存和发展来进行,真正成为人的科技"。③

关于"媒介人性化",有研究认为它是指媒介对人的本质属性即人所具有的正常感情和理性的满足,是媒介在传播过程中体现出顺应人的本质属性以满足人的信息需求的状态。其核心是媒介对人即受众的满足。媒介人性化体现的是以人为本的基本理念,其主要内容包括媒介对受众使用媒介工具的人性化满足、对受众使用信息的人性化满足、对受众地位的人性化尊重。④

综合以上研究,本书认为"人性化"含有人的主体性、对人的尊重、人的需求的满足等方面内涵。同时,它也与媒介进化的"人性化趋势"理论有异曲同工之妙。"人性化趋势"理论就突出了人的主体性地

---

① 张艳涛、赵一:《改革开放与人性化进程——兼论中国的人性化回归》,《天府新论》2011 年第 6 期。

② [美]刘易斯·芒福德:《技术与文明》,陈允明等译,中国建筑工业出版社 2009 年版,第 304 页。

③ 彭列汉:《科技人性化的实现途径思考》,《科学学与科学技术管理》2005 年第 2 期。

④ 张香萍:《传播技术变迁中媒介人性化解读》,硕士学位论文,天津师范大学,2007 年。

位，人对媒介进行理性选择，适合人性的和满足人类需求的媒介才能够生存。本书将"人性化"界定为：人类活动所体现出的以人为中心、增强人的主体性、满足人类需求的状态。iPad 人性化，就是 iPad 体现出的以受众为中心、增强受众的主体性、更好地满足受众信息需求的状态。

第三节 iPad 研究的思路方法与创新点

一 研究思路

从总体上讲，本书基于媒介进化理论分析 iPad 媒介的人性化以及由此带来的传媒内部的变革及其对社会、文化、政治、经济等方面造成的全方位影响。

本书首先使用媒介进化的补救性理论来探究 iPad 媒介属性；在此基础上，进一步对 iPad 媒体的人性化诉求展开理论探讨；进行理论观照之后，再着眼于实践层面，一方面探讨 iPad 媒介的人性化生产，另一方面探讨 iPad 用户的人性化消费；最后对 iPad 作为技术媒介可能造成的人的异化问题进行了反思。

本书形成了如下主要研究问题：

（1）iPad 媒介的属性为何？在媒介进化中占据怎样的地位？

（2）iPad 媒体生存的状况如何？iPad 媒体的生产和消费的情形为何？

（4）iPad 媒体的未来趋势和发展走向为何？

（5）iPad 媒体是否可能以及如何导致人的异化？当如何避免异化？

二 研究方法

本书主要运用比较研究法、深度访谈法、个案研究法展开对 iPad 媒体的探讨。

（一）比较研究法

首先，利用比较研究法对 iPad 媒体与以往媒体进行比较，以发现 iPad 媒体与其他媒体之间的形态差异，从而明确 iPad 媒体的形态特征。

其次，将国内的 iPad 媒体和国外的 iPad 媒体进行全面比较，以发现国内外 iPad 媒体在生产经营方面的异同，进而探讨其背景及原因，从而有利于我们更理性地认识 iPad 媒体实践，并指引中国 iPad 媒体朝着进一步优化的方向发展。

（二）深度访谈法

首先，选取代表性的传统媒体的 iPad 应用客户端，对相关工作人员进行深度访谈。以了解从业者在 iPad 媒体生产中的诸多具体情形，一方面从业务操作、细节问题及解决等方面进行深入挖掘，另一方面从整体运营和发展角度深入了解传统媒体 iPad 应用客户端的生存现状、问题及趋势。

其次，针对有代表性的 iPad 用户进行深度访谈，以了解 iPad 用户的使用习惯和偏好，尤其是在新闻媒体类应用程序上的使用特征、存在问题及未来期望等方面的具体情况。

（三）个案研究法

通过选择传媒业界 iPad 媒体的典型个案，进行深入全面的调查分析，从而搞清 iPad 媒体的内部运行状况和相关问题，通过典型个案起到窥一斑而知全豹的效果。

分别选取国内外代表性的报刊媒体的 iPad 应用、广播电视媒体的 iPad 应用以及网络媒体的 iPad 应用，通过深入的观察、访谈和二手资料分析，摸清这些代表性媒体 iPad 应用的生产实况，呈现这些 iPad 媒体个案的生产全景。

三 研究创新点

本书形成了如下创新点。

第一，本书将 iPad 放置于人类媒介进化的历程中考察，力图探讨 iPad 对以往媒介的人性化补救，并首次从媒介进化的角度探讨 iPad 的人性化，对 iPad 的人性化进行了系统分析，这在 iPad 研究上有一定的理论创新价值。

第二，本书首次对 iPad 媒介展开全面和系统的研究。目前的文献多是侧重现象描述和生产业务层面，缺乏理论层面的研究，本书既观照 iPad 媒体业务层面，同时也观照理论层面，从而进一步拓展和深化 iPad 媒介研究，提升我们对 iPad 的全面认识。

本书的难点：首先，在于对媒介进化理论的充分消化与理解，并运用这些理论融会贯通地分析 iPad 这个最具代表性的新兴媒体；其次，iPad

诞生刚逾三年，由于 iPad 媒体的迅猛发展和尚未成熟的媒体实践，使得研究对象时刻处于变化发展之中，随时捕捉 iPad 最新信息尤其是国外信息就成为另一个难点；为了摸清 iPad 媒体的生产运营实践，对若干有代表性的 iPad 媒体的生产运营展开调研也将是一个难点。

第 二 章

人性化媒介：iPad 对旧媒体的补救

iPad 是介于电脑和手机之间、集各媒体优势于一身、兼具移动网络终端和媒体融合平台的新兴媒介形态。那么，对于 iPad 这样一种新兴媒介形态，如何去更深刻的认识和解读呢？本章将运用保罗·莱文森的补救性媒介理论来解析 iPad 对传统印刷媒体和电子媒体的补救，以及 iPad 对电脑与手机终端的补救等，以此充分论证 iPad 的补救性媒介特征。

第一节 iPad 作为补救性媒介的理论基础

当今时代，新媒体层出不穷，在保罗·莱文森看来，这也是遵循了进化理论。媒介进化遵从达尔文的自然进化论，越来越适应和满足人的需求，这种趋势就是人性化趋势，而这种进化是通过新媒体对旧媒体的缺陷和不足不断补救来完成的。保罗·莱文森之所以能创造性地提出媒介进化论的思想，这与他的进化认识论的思想根源是分不开的，因此，我们首先从保罗·莱文森的进化认识论中理解媒介进化论的思想。

一 进化认识论与媒介进化论

保罗·莱文森在波普和坎贝尔的哲学进化认识论基础上，对客观知识的进化进行了集中分析。他认为知识不仅是用来解释世界的，更应该用来改造现实世界。改造世界的知识主要构成部分就是技术。进化就是客观环境或现实生活与某些东西不适应或冲突的时候，将这些东西淘汰出去的过程。进化可以说是真理的现实表现，真理正是通过自然选择以有机体的形式表现出来的。当我们以此来观察整个有机体世界时，进化不仅仅是有机体的进化，而且同时它也是关于外部环境的知识进化，是这种知识的物质体现和传输的进化。人们正是依靠技术赋予思想以物质表现，技术体现和延伸人类的思想并将人类的思想注入客观世界。人类的知识并不完美，它总是在人类实践中面临新问题时呈现出这样那样的缺点，这样我们就必须随着实践的发展去不断改善知识，进而使我们能够凭借技术把知识的改善转化为具体的进步。如果没有技术，人的知识就不可能存在。塑造我们知识的进化、理性和非完美性等因素，其运作的基础越来越依赖于技术。因此，我们必须承认技术在知识构成和知识增长中的主导地位。

人类的客观知识依赖于技术得以进化，在此逻辑基础上，保罗·莱文森充分肯定了传播媒介在知识进化中的巨大作用。保罗·莱文森认为传播媒介主要是辅助认知过程的后两个阶段，即批评和传播，其功能发挥依靠两个或两个以上的人参与。跨越时空的延伸，对原物的速度、性能和信息迁移准确度的保真，这始终是传播技术的目标。传播技术所达到的功效虽然不稳定，但始终随着媒介技术演进而不断接近传播的理想目标。这充分体现了人类的另一种补足的驱动力，这个驱动力就是人类探求传播中能保存声音、动作和颜色等生物学上或前技术的感知成分的驱动力，也就是恢复早期跨时空技术延伸中牺牲了的自然感知成分的驱动力。正是在这个驱动力下，新的传播技术不断兴起和演化，并始终构成知识的批评、传播和增长的关键因素之一。思想、再现、技术体现、用以发现知识的技术、更多的思想、谋求更好技术以传播和发现知识的思想，这就是人类认知的进化。而媒介为了更好地传播和批评我们生产的知识，也必然处在不断进化之中。

因此，媒介进化的动力在于人类认知的进化，进化认识论是媒介进化论的思想源泉。为了更好地满足人类知识的进化，媒介需要不断地完善自己，以更好地传播、批评和改进知识。媒介的改进和完善，就形成了补救性媒介，而不断出现的新媒体对旧媒体的补救，总是朝向更加人性化的发展趋势。

二 人性化趋势与补救性媒介

"人性化趋势理论"和"补救性媒介理论"是保罗·莱文森的媒介进化论的主体理论，是本书用来考察 iPad 媒介"人性化"与"补救性"的重要理论工具。媒介进化的人性化趋势促使媒介进行不断的补救，而媒介的每一次补救又会使得媒介朝着人性化的方向前进了一大步。

早在1979年，保罗·莱文森在其博士学位论文《人类历程回顾：媒介进化理论》中开创性地提出媒介进化的"人性化趋势"理论，在考察媒介演化历程的基础上移用自然进化论，将人比作媒介群落的生存环境，指出媒介的进化是人的选择或者说是人类的自然选择，适者生存的媒介就是适合人类需要的媒介。① 在人性化趋势理论中，保罗·莱文森还提出了媒介进化的"小生境"原理，将媒介的存活系数与前技术的人类交流环境的接近程度相联系，指出在媒介进化的过程中，只要媒介对前技术世界做出了满意的回应，或者与前技术的人类交流环境某些要素接近时，这个媒介就达到了小生境。人性化的趋势使媒介再现真实世界的水平不断提高，且同时也在维持或增加媒介的时空延伸，这样的延伸大大超越了原来的生物学局限。②

人类只有秉持理性精神，不断对以往媒体进行补救，才能更好地满足人们的信息需求，也才符合人性化的媒介演进趋势。补救性媒介理论是保罗·莱文森的一个重要理论，它认为人类总能够不断依靠理性发现当前技术中存在的问题，然后就着手去设计一种补救的技术，以解决这个问题。用技术解决目前地球上存在的种种问题是合理性的，并鼓励人类采取理性的行动，这也符合人类的天性，因为人类的天性不仅是要描述和了解问题，更重要的是补救和解决问题。媒介传播中出现的问题就需要补救性的媒介技术。

因此，保罗·莱文森认为整个媒介演化进程都可以看成补救措施。在21世纪，数字媒介使传播速度加快，提升了人的理性把握，数字媒介成为立竿见影的补偿媒介。媒介的历史尤其是"补救性媒介"证明了人类的控制能力。人们对媒介出现的问题做出回应并改进媒介是理性的。③ 保罗·莱文森强调了媒介的进化会变得越来越人性化、自然化，因为媒介进化的方向是由人类理性来控制的。对于补救性媒介的未来，保罗·莱文森认为媒介的补救将会继续下去，因为没有什么媒介是完美的。更重要的

---

① ［美］保罗·莱文森：《手机：挡不住的呼唤》，何道宽译，中国人民大学出版社2004年版，第12页。
② ［美］保罗·莱文森：《保罗·莱文森精粹》，何道宽译，中国人民大学出版社2007年版，第34页。
③ ［美］保罗·莱文森：《数字麦克卢汉：信息化新纪元指南》，何道宽译，社会科学文献出版社2001年版，第254页。

是，媒介使人类回归本性。①

iPad作为一种强大的移动新媒体终端，所具有综合性媒介的特征，使得它成为目前最成功的补救性媒介。尽管目前iPad也不够完美，但作为当前最新的补救性媒介，它不仅对传统印刷媒体和传统电子媒体的不足和缺陷进行了补救，同时也对新媒体领域电脑和手机终端存在的不足和缺陷形成了补救。

第二节 传统印刷媒体的不足与iPad补救

在人类传播媒体的演进历程中，传统印刷媒体曾经十分辉煌，为人类的信息传播做出巨大贡献，但是随着媒介技术的日益进步和演化，传统印刷媒体的不足逐渐显露出来，人类于是开始不断思考和创造新的媒介类型，广播、电视就可以看作人类对于传统印刷媒体不能进行即时远程动态传播这一限制的巨大突破。而到了如今新兴媒体层出不穷的信息时代，更是不断形成对传统印刷媒体更高补救的新型媒介。iPad作为当下最新的一种补救性媒介，它对传统印刷媒体的天然缺陷形成了完美的补救。

表2—1　　　　　传统印刷媒体与iPad媒体的比较

媒体类型 比较项目	传统印刷媒体	iPad媒体
物质资源的耗费	需纸张、油墨等大量资源	数字形式，节省资源
信息的表现形式	图文的单调形式	多媒体的立体化形式
信息的传播方式	单向传播，缺乏互动性	双向传播，即时互动
信息的时效性	周期较长，时效性弱	随时更新，时效性强

从表2—1中，我们可以看出传统印刷媒体的"不足"与iPad媒体"补救"的关系。接下来将详细解读iPad媒体与传统印刷媒体之间是如何形成补救关系的。

---

① 付晓光、田维钢：《媒介融合的前世、今生和未来》，《现代视听》2011年第12期。

一 传统印刷媒体的不足

传统印刷媒体，就是将文字和图画等做成版、涂上油墨、印在纸张上形成的报纸、杂志、书籍等物质实体。[①] 印刷媒体曾经对人类的进步做出了巨大贡献，标志着人类的大众传播时代的诞生，并且作为主要媒体一直发展到今天。然而，包括报纸、杂志、书籍等的印刷媒体却存在着一些天然的缺陷和不足，与日益发展中的新兴媒体相比，缺陷更是明显。

第一，从物质资源的耗费上来看。为了确保印刷媒体的日常出版发行，所消耗的纸张、油墨、机械、电力等资源是显而易见的。报纸、杂志和书籍虽然发行周期有所不同，但是生产出版的模式是大致相同的，尤其是报纸发行周期最短，印刷最为频繁，而且每期几版到几十版不等。而人类的资源总是有限的，减少资源的耗费是人类不断进步的追求。

第二，传统印刷媒体的信息表现形式比较单一。由于印刷媒体是借助纸张、油墨印刷而成，其展现的方式只有静态呈现的文字和图画符号。按照保罗·莱文森的媒介进化理论解释，印刷媒体所使用的主要符号文字是对声音的抽象产物，它失去了人类前技术传播的要素，既没有声音也没有形象，缺乏人性化的传播形态。从文化传播的层面来看文字符号，它造成一部分文化程度低的受众无法顺利使用印刷媒体，这种情况对于书籍而言更为严重。而且，全方位、立体化的传播形式是媒介信息传播的演进趋势，印刷媒体的单一表现形式缺乏对受众获取信息体验的关注，不能很好地满足受众的多样化信息需求。

第三，传统印刷媒体是单向传播为主的媒体，缺乏互动性。从印刷媒体本身而言，虽然报纸、杂志、书籍都可以展开读者调查，进而了解受众的需求、习惯和倾向等情况，但是这种反馈总是缺乏效率和周全性，其效果是非常有限的，而且这种反馈信息明显的滞后性也不利于印刷媒体针对受众变化和需求做出即时调整和改进。与此同时，从受众的层面而言，印刷媒体不能与受众即时互动传播，也在一定程度上削弱了媒体信息在受众中的传播效果。正如保罗·莱文森的媒介进化论所揭示的，虽然印刷媒体让人类传播跨越了时空，可以使得信息长久保存并更方便地传播，但它摒弃了前技术时代或人类自然传播时期的一些具体特征，抛弃了信息传播的

---

① 邵培仁：《传播学》，高等教育出版社2007年版，第206页。

声音、形象、情境等因素，而变为抽象的符号，因此必然需要新的媒介对之进行补救，这样才符合人性化的媒介演化趋势。

第四，传统印刷媒体的时效性有限。众所周知，新闻报道要求尽可能提高时效性，然而报纸的发行周期却限制了这一需求，而信息的竞争力就在于即时传播，即时信息才能使受众据此形成有利的决策。尤其在当今这样一个瞬息万变的信息化时代，有些信息的有效性甚至是以分秒来计算的，报纸的时效性显然难以满足当今时代受众的信息需求。

二 iPad 对传统印刷媒体的补救

iPad 能呈现报纸、杂志和书籍等传媒产品，对传统印刷媒体的大量资源消耗和受众的高阅读成本上的缺陷进行了有效补救。作为传媒科技最新结晶的移动媒体终端，iPad 可以完美地呈现报纸、杂志和书籍的形态。由于 iPad 是数字化的呈现方式，就完全避免了印刷媒体的制作出版过程中所需的纸张、油墨等资源，报纸、杂志和书籍的 iPad 产品形态制作和传播都相当简便，只需将数字化的内容按既定框架模型填入应用程序上传苹果应用商店，就算完成了出版发行工作。同时，对于受众而言，只需付费或免费下载即可阅读这些内容，一个版本的产品可供无数 iPad 用户无限量下载使用，这与印刷媒体随发行数量的增加所需资源也要增加构成的累积消耗，形成天壤之别。出版发行成本的降低，在一定意义上也就降低了受众的购买成本，从而也吸引更多受众从 iPad 中订阅电子报纸、杂志和书籍。

iPad 对传统印刷媒体的单一表现形式也进行了补救，这在报纸类 iPad 产品上得到了充分体现。报纸类 iPad 产品是多媒体化的、立体呈现的数字化报纸形态。目前发布的众多报纸类 iPad 产品都非常重视音频和视频的使用，在传统静态的文字和图片编辑排版基础上，纷纷加入更多的视频、音频和动画等表现形式，实现了报纸类 iPad 产品的多媒体报道，这样的新闻报道"真实再现"的功能得到最强的发挥，更有利于受众的信息获取体验。

iPad 还对传统印刷媒体的单向传播进行了有效补救。iPad 作为最新的移动互联网终端设备，可以随时实现互联互通，这就有利于展开有效的双向传播。尤其报纸类 iPad 产品，更是纷纷设置互动板块，利用各种互动方式吸引读者参与，这种强互动性有利于拉近报纸与读者的距离，有利于报纸了解读者的信息偏好和倾向，从而更好地调整信息内容和形式。几乎所有报纸类 iPad 产品都尽可能多的采用了评论、微博、报料、投票等全面的互动方式。如《广州日报》的 iPad 用户就可以对每则新闻信息发表自己的观点和意见，也可以通过留言向《广州日报》进行报料，或者与《广州日报》进行其他方面的信息互动，还可以在该报 iPad 产品版面上直接访问"广州日报·大洋微博"，随时分享身边资讯。

iPad 对传统印刷媒体的时效性也形成了有力补救。由于 iPad 报纸是数字化的报纸，而且只要在网络覆盖范围内即可与互联网连接，这首先为报纸的 iPad 产品提供了即时更新信息内容的前提条件，虽然报纸的 iPad 产品版本更新受制于苹果公司的审核流程，但至少可以保证在同一个报纸的 iPad 产品版本，信息内容的随时更新是毫无阻碍的，有诸多报纸的 iPad 产品更是增加了一种自动提醒的信息滚动弹出设置功能，一旦有最新的重要消息上线，马上就会通知到 iPad 用户。新闻类产品只有抓住时效性，才有可能抓住更大的受众群体，从而实现可持续发展。

保罗·莱文森认为，数字化阅读的浪潮不可阻挡，但是电脑未必对书籍这种传统的印刷载体构成终极的威胁。电脑排版和数字显示终端，大大节省了书籍的出版时间和成本，依然保持传统书籍的版面样态，这肯定有利于延长书籍作为积极的主流媒体的寿命。而且，即使各种显示终端设备将来取代了纸张，并成为印刷传播的主要形式之后，我们还可以印制一些书籍的珍藏本，作为文化形态继续存在。① 因此，iPad 等新型移动终端媒体只是在人类理性的主导下，对传统印刷媒体的天然缺陷进行了弥补。此外，就数字化转型最迫切的报纸和杂志而言，是否继续有着强大生命力，这取决于其自身能否在市场竞争中不断革新，并且继续保持信息优势，这就要求传统报纸和杂志媒体必须紧紧跟随传媒生态的最新变化，稳步推进与新兴媒体的融合进程，全面地满足受众多样化的信息需求。

第三节　传统电子媒体的不足与 iPad 补救

传统印刷媒体的诸种缺陷和不足得到了 iPad 媒介的全方位的补救，

---

① ［美］保罗·莱文森：《思想无羁：技术时代的认识论》，何道宽译，南京大学出版社 2003 年版，第 172 页。

那么在印刷媒体之后诞生的电子媒体的情况如何呢？这是本节要分析和解决的问题。人类传播从文字和印刷传播步入广播和电视传播，在传播技术层面得到了飞跃式发展，是人类利用技术改变传播现实的伟大实践。正是由于有了广播和电视这样的电子媒体，印刷媒体在传播中失去的声音和形象重新回到了人类传播的视野，既达到了前技术环境的自然传播要素，又在跨越时空的传播功能上前进了一大步。但是后起的互联网媒体对电子媒体又形成了巨大威胁，人们开始将信息传播的关注点转向了互联网媒体，而iPad作为当下最新的一种移动网络终端媒介，它对传统广播电视媒体存在的不足进行了充分的补救，见表2—2。下面，将对传统电子媒体的不足与iPad媒体的补救进行详细解析。

表2—2　　　　　　　传统电子媒体与iPad媒体的比较

媒体类型 比较项目	传统电子媒体	iPad媒体
媒体的传播方式	单向传播，互动性弱	双向传播，互动性强
媒体选择自由性	线性传播，无选择自由	网络传输，自由选择视听
媒体的视听模式	转瞬即逝，不可回放	流媒体式，支持回放
媒体的空间限制	固定场所，有空间限制	便携联网，无空间限制

一　传统电子媒体的不足

一般而言，"电子媒体"指的就是传统广播、电视媒体。广播和电视作为传统电子媒体，到目前为止依然占据社会传播媒体的主流地位，尤其电视对于千家万户普通百姓来说有着不可替代的地位。然而，传统的广播和电视却有着自身难以克服的缺陷，虽然它捕捉了人类前技术传播时代的声音和视觉因素，但仍不完美，仍然不能满足受众更进一步的信息需求。

首先，传统广播电视都遵循线性传播的模式，受众不能自由选择收听或收看节目的时间，也不能自由选择某个特定节目。这一点在传统广播和传统电视中是完全一致的，二者皆是按照一定顺序编排好所有节目播出的时间长度和播放次序，而且节目编排无论对于传统广播还是传统电视都是不可或缺的。然而，这种线性传播模式，使得受众总是被动收听和收看节目。在当今信息富足乃至过剩的时代，受众的媒体选择很多，口味也越来越难以调和,而线性传播模式对于受众而言是个很大的障碍,受众要收听、收看某个节目,必须等到限定的某时某刻,它要求受众准时"锁定"某个频率、频道,这严重束缚了受众的视听自由。

其次,传统广播、电视节目的播放依然遵循单向传播为主的模式,互动性不足,受众对节目和频率(频道)的反馈不足。在所有的广播、电视节目中,除了部分互动性强的节目,如谈话节目、连线节目、受众参与节目等节目外,大部分节目基本上都缺乏强互动性。这样,停留在"你播我听"、"你播我看"、"播不好我就换"的状态,受众处于被动接受的境地,不利于调动受众的积极性和主动性。同时,受众也缺乏即时的反馈渠道将自己的意见和建议有效反馈给节目制作方,不能使节目按照受众的要求和喜好进行合理改进和调整,这将有可能造成受众的大量流失。

最后,传统广播、电视节目播放转瞬即逝,不利于受众回放和保存。在互联网普及之前,传统广播、电视节目播出的一次性和线性,使得视听信息转瞬即逝,无法重现。从技术层面而言,录音机和录像机确实可以解决节目保存和回放的问题,这也正是人类面对广播、电视的不足和缺陷进行的补救,但这种补救措施仍然是非常有限的。

二 iPad 对传统电子媒体的补救

iPad 播放的视听节目是基于互联网的,它打破了传统广播、电视遵循的线性传播模式,受众可以随时随地选择收听和收看任何直播或录播的广播电视节目,完全实现了自由选择收听收看的时间和特定的节目。即使你在出差的旅途中,只要有无线网络信号或已开通 3G 网络,你就可以随时通过移动网络收听和收看广播、电视节目。

iPad 作为移动互联网络终端平台,也打破了传统广播、电视单向传播为主的模式,大大增强了互动性且是即时互动,受众对节目和频率、频道的反馈时间可以缩短为零。iPad 利用移动互联网优势,大大改变了广播电视节目接收的模式,受众可以边听边看边评价,受众可以通过网络直接对节目制作播出方发出即时反馈意见和建议,这也可以成为节目增强受众互动的一种方式。总之,随时随地的移动网络视听模式,是对传统单向传播模式的补救,是更为人性化的传播方式。

iPad 移动终端媒介利用网络的无限空间,完全打破了传统广播、电视节目播放转瞬即逝的弊端。网络的无限存储,使得众多广播电视节目得以网络的方式存在,受众可以随时回放,可以随时跳过不想听不想看的段落,甚至只挑自己感兴趣的地方进行视听体验。视听的网络化俨然成为广播、电视的发展趋势。中国电视生活不再只由电视机决定,接收终端将变成 iPad、电脑或手机,这将会形成电视文化的巨大改变。① 而 iPad 作为综合了电脑和手机功能于一体的新兴媒介,显然对传统视听媒体有更强的补救优势。

以 iPad 为代表的新兴媒介将给传统媒体带来的变革和机遇,传统媒体向新媒体转型将是必然的趋势。可以预见的是,未来将是更趋多元化的新媒体样态,媒体世界的繁荣发展、公众服务的不断提升都需要多样化的媒介生态。② 而新兴媒介的发展一定是不断的补救再补救和不断持续人性化的进程。

第四节　网络媒体终端的不足与 iPad 补救

在传媒科技飞速发展的信息化时代,互联网已经被公认为"第四媒体",截至 2014 年 6 月,中国网民数量已达 6.32 亿,互联网的社会影响力已然有迅速盖过以往各类媒体的态势。按照保罗·莱文森对互联网的解析,他将互联网看作"补救性媒介的补救性媒介",因为它是对报刊、书籍、电话、广播和电视等媒介的改进。这是对传统媒介运作模式不足而产生的逆转,也是过去一切媒介之不敷应用而产生的逆转。③ 但作为当前最主要互联网终端的电脑也有其明显的缺陷,虽然网络终端从台式机到笔记本电脑有了很大的飞跃,但在使用方便程度和人机交互性等方面依然有明显不足。随着网络技术和数字通信技术的进一步发展,手机也日渐以"第五媒体"的面貌呈现于人们的面前,在基本的通信功能之外,成为越来越重要的网络媒体终端,但是一般手机终端在屏幕尺寸、电源能力等方面存在明显缺陷,使其不能成为理想的互联网移动终端。因此,无论是电

---

① 张颐武:《电视的"临界点":电视文化的三大趋势》,《环球》2011 年第 7 期。
② 石长顺、景义新:《中国报业的 iPad 生存》,《现代传播》(中国传媒大学学报) 2012 年第 5 期。
③ [美] 保罗·莱文森:《数字麦克卢汉:信息化新纪元指南》,何道宽译,社会科学文献出版社 2001 年版。

脑终端还是手机终端，都对人们的互联网使用造成了一定程度上的限制，有待新的补救性媒介对它们的缺陷和不足进行补救，于是更人性化的互联网终端 iPad 的诞生就弥补了这个空白。

iPad 是结合手机和笔记本电脑两者优点于一身的新传媒科技产品，它拥有手机的轻巧和便捷，也拥有笔记本电脑的浏览互联网、收发电子邮件、观看电子书、播放音频或视频等功能。因此，iPad 不仅为报纸、电视等传统媒体提供了新的转型和拓展平台，成为传统印刷媒体和传统电子媒体的补救性媒介，而且这个新媒介也对互联网的电脑终端和手机终端的不足进行了人性化的补救。

一　电脑终端的不足与 iPad 补救

电脑作为终端是人们使用互联网的最直接的物质实体，可以说是网络用户进入互联网最基础的终端设备。互联网终端从硬件到软件也都经历了不断的更新换代，从最初笨重的台式电脑到轻便的笔记本电脑再到当今以 iPad 为代表的最人性化的 iPad，给予了人们越来越便利的互联网使用和体验，见表2—3。

表2—3　　　　　　　　电脑终端与 iPad 终端的比较

比较项目＼终端类型	传统电脑终端	iPad 终端
终端的物理形态	比较笨重，开合形态	非常轻便，平板形态
终端人机交互性	键盘鼠标，人机交互性弱	触控屏幕，人机交互性强
终端的使用方式	固定地点，固定使用	地点不限，移动使用

通过表2—3，我们清晰地看到了两种终端的优劣。电脑作为现代化网络生活最常用的互联网终端，的确为人们提供了诸多便利，但是技术的进步总是呈现出一个不断人性化的进程，总是不断产生对现有媒体不足进行补救的新媒体。

电脑自从诞生以来到现在，一直就存在这样几个缺陷或不足。

第一，就作为终端设备而言，电脑虽然日益趋向于小型化发展，但仍然显得笨重，携带不方便。即便是时下流行的各种笔记本电脑，固然轻便了许多，但仍然有较大的重量，一般在 2 千克以上，携带并不方便。另外，虽然电脑终端中还有更为小型的上网本和最小型的掌上电脑，重量轻了许多，但是要么"麻雀虽小五脏俱全"各种烦琐配备而造成运行缓慢，要么屏幕和操作区域过于狭小不便使用，总之皆有不方便之处。

第二，普通的台式电脑或笔记本电脑一般适合固定使用，固定地点固定接收，这样就大大限制了人的移动自由和活动空间。电源设备就是很大的一个制约，一般的笔记本电脑如果不外接电源线，自带的电池电源只能维持开机使用2—4个小时，这就大大制约了人们的上网时间，导致时间自由的阻碍。比如旅途中要想在数个小时的长途旅途中使用电脑，就满足不了使用时长的需要。如果要较长时间使用，就要想办法接通外用电源线，加上具有一定重量不便于在移动中使用，这就导致了空间自由的阻碍。人类传播的历史就是不断拓展传播时空、不断提高传播自由的历史。电脑终端的这种限制显然需要更新的网络终端进行补救。

第三，台式电脑或笔记本电脑操作起来也存在诸多不便。例如人机互动性不强，虽然电脑终端的人机交互性随着电脑科技的发展也在不断完善，但很大程度上仍不能满足人性化的使用需求，仅就外接设备而言，就有外接电源、外接键盘、外接鼠标、外接移动硬盘等附属设备。即使笔记本电脑一般可以免去外接键盘和外接鼠标，但是这样操作起来明显不便，尤其是如果不外接鼠标仅使用键盘上的触摸键，使用起来非常不灵活，再加上较长的开关机时间需要用户的时间等待。按照媒介进化理论，人性化趋势的媒介进化要求媒介能满足人们的前技术传播特征，比如人最基本的触觉在一般电脑终端上就没有得到充分运用。

对于电脑终端的上述缺陷与不足，iPad从以下几个方面皆对其形成了补救：

首先，iPad终端相对于电脑、笔记本电脑，都显得更为轻便。它是一个厚度仅有9.4mm的平板形态，重量仅有600多克，拿在手上也没有太大重量，iPad Mini更是轻薄，它们非常方便在移动中使用，也可以随意装入任何一个普通公文包，携带非常方便。iPad只要在无线网络信号覆盖的地方，就可以实现随时随地接收信息，是打破传播时空限制的最新传媒科技产品。

其次，iPad打破了一般电脑终端的固定地点固定使用的限制。由于内置了高质量的可充电锂聚合物电池,对内置电池完成一次充电,可以供 iPad 用户长达 10 小时的使用,这样就避免了外接电源线。不用外接电源线就意味着它可以不必固定在某一个地方(提供电源插口的地方)使用,从而在移动状态(客厅、卧室、途中、餐馆、办公室等)使用,大大突破了对传播者使用空间的限制。一次充电后能够提供很长时间的使用,又大大突破了对传播者使用时间的限制,这意味着传播者可以从严格限制的时空范围内获得一定的解放,实现信息传播和接收的自由。

最后,iPad 几近完美的使用体验完全弥补了普通台式电脑和笔记本电脑使用操作不便的缺陷。iPad 采用的是屏幕虚拟键盘进行信息输入,于是它无须外接键盘即可方便地输入;iPad 采用的是全触摸屏幕,用户可以直接使用手指通过点击、划动等动作进行操作,于是无须外接鼠标即可实现简单操作。因此,从人机互动性上而言,iPad 的人性化体验远非普通电脑终端所能匹敌。此外,iPad 采用的高清晰度显示屏和前后置摄像头,更加符合人的视觉感受,使人可以通过 iPad 屏幕能看到更清晰的视听或图文信息,通过 iPad 前后置摄像头达到拍摄照片的高清效果,这就在操作便捷的基础上又增进了人性化的信息获取体验。

二 手机终端的不足与 iPad 补救

手机原本只是一种用来接打电话和收发短信的移动通信工具,从媒介进化理论的视角来看,手机是对固定电话的补救,因为人们希望不在电话机旁的时候也能够接听到别人的电话,同时也希望在任何时间和任何地点需要联系他人的时候可以随时进行电话联系,而这些是固定电话永远不可能做到的,手机正是从这点上对电话进行了补救。随着移动网络技术和数字通信技术的飞速发展,手机的诸种媒体传播功能得到陆续开发,如手机报纸、手机广播、手机电视、手机网络等日益在受众中得到广泛应用,"第五媒体"的称号也呼之欲出,至少手机具有媒体属性已经很少有人再产生质疑了。手机日益成为人们移动状态中进行传播与获取信息的新终端设备。然而,手机终端在日渐火爆的同时,也暴露出自身的诸多缺陷,iPad 作为新型移动网络终端,恰恰对手机的诸种不足形成了补救,见表 2—4。

表 2—4　　　　　　　　手机终端与 iPad 终端的比较

终端类型 比较项目	手机终端	iPad 终端
终端的屏幕尺寸	尺寸狭小，信息展现不佳	尺寸合理，完美展现信息
终端的使用时间	电池电源有限，使用时间短	电池电源充足，使用时间长
终端的操作区域	操作区域过小，操作效率低	操作区域较大，操作效率高

正如表 2—4，手机终端与 iPad 形成鲜明对比，彰显了二者的缺陷与补救的关系。

首先，手机作为媒介终端屏幕尺寸过于狭小，这造成手机作为信息接收终端在信息内容呈现上并不完美。在显示文字信息方面，手机屏幕尺寸过小从而限制了单屏显示文字的数量，或者屏幕显示的字体很小而不易看清，单屏内容阅读完毕后就需要不断滚动换行或者翻页，频繁换行或翻页对人们的眼球形成不适感，很不适于长时间阅读文本信息；在显示视听信息方面，屏幕的狭小使其难以清晰地再现和还原真实的画面空间，对人们的视觉刺激较弱并且不太适合人的视觉感受，因此在视听体验上有着明显不足。即便后来出现的大屏幕手机乃至超大屏手机，其屏幕尺寸仍然在视听和文字信息的呈现上不尽完善。

其次，手机作为媒介终端有限的电源容量，限制了它在媒体功能上的充分发挥。手机尤其是 3G 数字智能手机作为高耗电能的终端设备，本来待机时间就非常有限，倘若再用它来上网冲浪、阅读电子书或观看视听节目，手机很快就会亏电。在这种情况下，多数人都会担心甚至抱怨手机续航能力太差了。如果在亏电的时候再不方便及时为手机充电，手机不仅不能接着发挥媒体终端的功能，连最基本的通信功能都将无法得到保证。

最后，手机终端的操作区域狭小，不便手指进行操作。手机屏幕尺寸本来就非常有限，手机键盘所占的空间更加狭小。即使目前最新的触屏智能手机不存在手机实体键盘，但由于整体屏幕较小，也很容易造成触控操作失误。这毫无疑问大大降低了信息传播的效率和准确度。现在手机市场上也的确出现为此而专门设计的超大屏幕手机，手机屏幕确实比一般手机屏大出许多，但它已经不那么方便装进衣服口袋了，这就打破了人们多年的手机使用习惯。而当手机被开发成大屏幕的类似迷你型 iPad 产品的时候，手机恐怕也将脱离它原本作为"手机"的本义了，手机就应该是拿在手里、使用起来或装进口袋里都非常小巧灵便的，这是手机从"大哥大"重量级手机迅速演化成掌中小型手机的直接原因，而超大屏手机打破了这个规律，用户必然是很有限的。

iPad 作为最新的移动网络终端，对手机终端存在的上述缺陷进行了补救。

iPad 屏幕尺寸与手机屏幕尺寸比起来是相当完美的。9.7 英寸的 iPad 终端设备，长度为 241.2 毫米，宽 185.7 毫米，厚度仅 9.4 毫米，不仅是便于携带，更重要的是，这个尺寸非常适合近距离阅读文字和观看视频。在展现文字方面，其屏幕大小恰与一般书籍或杂志的尺寸相当，加上 iPad 阅读产品所具有的翻页效果和字体调整功能，更增强了人们的实时阅读体验。在展现视听信息方面，屏幕尺寸恰到好处地展现了视频信息，既清晰再现场景又不给人视觉压力，这就很好地弥补了手机媒体信息呈现上的缺陷。

iPad 作为终端突破了手机终端的电源限制。能够持续使用 10 个小时的 iPad 终端，这已经达到了目前所有移动媒体终端可连续使用的时间上限。而且 10 个小时基本上足够用户整个白天使用。iPad 超长的使用时间与传媒科技的进步有着密切关系，一方面是 iPad 所用的是最新科技研发的专用锂电池，另一方面是 iPad 终端硬件的低耗能产品研发，使得它的耗电量很低，同时，iPad 终端的功能设计非常适合作为信息传播终端设备，能够支持几乎任何形式的高质量信息传播。

iPad 终端对手机终端的操作界面狭小的问题也进行了补救。与 3G 智能手机触摸屏操作界面的空间有限性相比，iPad 具有的充裕的操作空间，使其实现了当今的触摸屏幕的最佳体验。在屏幕触控操作方式上，iPad 进行了更为细致的人性化设计，其注重人性化的完美体验远远超过了手机触屏操控的体验，iPad 调动了人的眼球、手指和神经等多方位的感官，带来了多层面的独特体验，使其完全超越了智能手机的体验程度。

第三章

人性化诉求：iPad 的媒介化延伸

iPad 通过对以往媒介存在缺陷的强力补救，奠定了自己作为最新的"补救性媒介"之地位，在此基础上，iPad 实现了媒介化的延伸，以"终端统一"的新形态打开了媒介融合的崭新局面。iPad 运用全景式的媒介手段再现真实世界，呈现给人们更加自然化的世界图景，它不仅满足人的全面信息需求，而且充分尊重人的主体价值。

第一节 iPad 的媒介人性化

在媒介进化的历程中，媒介的每一次进化都是对人类传播时空范围的巨大突破，iPad 移动终端媒介带来的是一次新的时空延伸，同时它作为媒介融合的新型终端平台，引领着"终端统一"的媒介融合新形态，实现其人性化的媒介传播。

一 媒介进化与时空延伸

iPad 作为当前最新的传媒科技产品，是人类传播技术进化的产物。纵观人类传播发展史，媒介总是随着人类传播技术的发展而不断进化，而且媒介越是进化，就越是离不开技术。"技术媒介"在不断延伸人类新的传播时空。马歇尔·麦克卢汉认为技术是我们身体和官能的延伸，无论衣服、住宅或是我们更加熟悉的轮子、马镫，它们都是我们身体各部分的延伸。为了对付各种环境，需要放大人体的力量，于是就产生了身体的延伸，无论工具或家具，都是这样的延伸，这些延伸创造了环境。人类正处于这样一个无限延伸了的技术环境。其中，媒介环境作为人体延伸的一种产物，构成了人类技术环境的重要组成部分。媒介环境总是随着媒介进化而不断产生新的变化,促使媒介种群内部不断经历新的结构重组和功能整合,人类传播的时空在此过程中不断得到扩大和延伸。

观照媒介进化的三个阶段,将有助于我们判断 iPad 在进化中的方位。在媒介进化的第一个阶段,口耳相传是基本的传播方式,一切交流都依赖生物学意义上的感知和认知方式,一切交流都只能够在感官允许的范围内进行。但是,从肯定这个阶段的方面来说,自然界能够被直接感知到的一切东西都可以成为我们交流的一部分。在媒介进化的第二个阶段,文字等技术成为典型的传播方式,使得人类跨越了原始传播的生物学局限,大大开拓了传播的时空,但人类为此也付出了代价:文字失去语音、形象和三维的真实世界。第二阶段的得失逼迫我们寻找更好的媒介,以便我们在超越生物学极限交流的同时又可以不失去自然的世界。电话使我们可以用语音交流而不是用莫尔斯电码交流,收音机给我们提供的口播的新闻而不是文字书写的新闻,电视给我们提供的是更加逼真的形象,于是我们进入了第三阶段。[1] 人类当前正处于媒介演化的第三个阶段,它既要突破人类的生理局限,从而实现人类传播的时空延伸,又要媒介能够充分再现自然和真实的现实图景,从而实现人类全景式的观察世界,这种人性化的传播诉求始终未曾改变。

iPad 开创了媒介进化第三阶段的一个新的高峰,它是直接与网络传播的发展联系在一起的。在第三个阶段中,互联网传播继报刊媒体、广播媒体、电视媒体之后,真正完成了一场超越空间障碍的革命,从而终结了地理上的差别。[2] 历史上的任何一种媒介,都曾因为这种空间的障碍,大大限制了信息的自由流动。电脑网络在极短的时间内迅速普及,从军事、商务、教育领域延伸到家庭和个人空间。人们还不满足于线缆对上网地点的局限,无线路由和 Wi-Fi 技术、GPRS 和 EDGE 网络以及正在开展的 3G、4G 技术,都提供了几乎随时随地在线上网的可能。[3] 移动网络的发展空间异常广阔,传统的互联网为人类提供海量的易得的信息获取途径。而手机与互联网的结合,则使得人类不但可以随时随地获取这些信息,而

---

[1] [美]保罗·莱文森:《手机:挡不住的呼唤》,何道宽译,中国人民大学出版社 2004 年版,第 170 页。

[2] [美]文森特·莫斯可:《数字化崇拜:迷思、权力与赛博空间》,黄典林译,北京大学出版社 2010 年版,第 80 页。

[3] 樊葵:《媒介崇拜论》,中国传媒大学出版社 2008 年版,第 14 页。

且能够随时随地与他人进行多样化的交流和分享。于是，手机突破了基础的通信功能，开创了一个崭新的移动互联网时代。然而，人类并不满足于现状，手机呈现出来的种种弊端，又激发了人类新的探索，直至 iPad 的诞生。

到目前为止，基于 iPad 的移动传播是最人性化的传播方式。而且诸多默默无闻的科学家们正在高科技实验室中进行着更人性化的实验，研发更新在 iPad 之上的用触摸或手势来操作的其他高科技产品。从当下来看，以 iPad 为代表的 iPad 终端可以说是媒介进化的最新传媒产品，是对在此之前的互联网终端（电脑和手机）的强大补救，从而成为移动互联网媒介的王者，它为人类又一次大大开拓了传播的新时空，为人类的信息传播活动带来了更大的时空自由。

媒介的进化是无休无止的，因为人类的信息需求是不断提升的。iPad 移动终端媒介带来了新的时空延伸，为人类信息的获取和传播带来最人性化的方式。与此同时，我们亦应看到，iPad 移动终端媒介带来了新的媒介融合样态，iPad 媒介的"综合性"特征，使得人们看到了人类传播的未来指向——终端统一。

二　媒介融合与终端统一

iPad 诞生以来，传统报刊视之为转型的新平台，广电媒体视之为拓展的新屏幕，网络媒体视之为延伸的新空间，iPad 终端"综合性"的媒体特征由此彰显，它代表了新兴媒介发展的趋势，媒介在走向融合，终端趋向统一。

在这个新媒体技术日新月异的时代，以前各自为政的电信、电视、广播和计算机业现在汇流到一起，产生了整合宽带传播系统（broadband communication systems），这个系统集声音、图像、数据于一体，并有按需存储和交互的功能。美国联邦政府 1996 年的《电信传播法案》，开传播通信服务业自由竞争之先河，开创了一个数字化的时代，继而引发传播媒介大汇流。这种汇流要求电信、广播电视、计算机产业自主的技术融合，媒体产业和信息产业自由兼并。[1] 在这个大汇流的新媒体技

---

[1] ［美］托马斯·鲍德温、史蒂文森·麦克沃依、查尔斯·斯坦菲尔德：《大汇流：整合媒介、信息与传播》，龙耕、官希明译，华夏出版社 2000 年版，第 1 页。

术环境中，提供一种全方位、数字化、网络式的新型信息服务，几乎所有内容都是在一个数字化的环境中产生，非线性文本、图像和声音汇聚在一个可操作的"数字调色板"。在所谓的真实世界中观察到的事件和物体在数字媒体中得到了描绘和再造，但二者之间的关系已经越来越抽象和模糊了。内容的制作者们已经不再被所谓的现实世界所束缚。在日益增长的互动和在线传播系统中，受众也迅速变成媒体内容的共创者。叙述的结构正在发生变迁，超虚幻和虚拟现实成为媒体产品的主流。制作过程的不断创新还没有达到顶点，新媒体产品及其制作的进程才刚刚开始。很有可能在下个千年里，将会出现整个媒体内容形式的更新，并且其制作方法将会继续以不可预测和惊人的模式进展和完善。[1] 媒体产业大汇流或者媒介大融合已经成为全球传媒界共同关注的业界趋势，iPad 所带来的一股终端融合的新潮流自然引人注目。

保罗·莱文森通过回顾媒介传播的历程发现了一个规律——"每一种新媒介都把一种旧媒介作为自己的内容，其中，最原始的语言媒介几乎是一切后来媒介的内容，文字是语言内容的视觉表达，印刷媒体则具体用文字来展现内容，电报则是一种特殊的电子编码的文字，电话、唱片机和收音机传递的内容也是言语。到了 20 世纪 20 年代，无声片开始说话，电影成为电视的内容（带有广播的成分，包括连续剧、新闻和网络结构），而这一切的媒介又在迅速成为互联网的内容"。[2] 互联网把过去的一切媒介都作为自己的手段来使用，把它们统统变成了自己的内容。开始的时候，因特网的内容是文本；到了 90 年代，它扩张以后就包括了图像和声音；到了 20 世纪末 21 世纪初的时候，它又提供了网络电话、在线音频播放、在线视频播放。互联网证明了自己是一个宏大的包含一切媒介的媒介。[3] 根据保罗·莱文森的说法，过去的一切媒介都是互联网的内容，甚至连使用互联网的人本身也成为互联网的内容，因为使用互联网的人无论在网上干什么，都是在创造传播的内容，这和其他的媒介使用是完全不同的，互联网融合发展的媒介趋势已经彰显。

---

[1] [美] 约翰·帕夫利克：《新媒体技术：文化和商业前景》，周勇等译，清华大学出版社 2005 年版，第 196 页。

[2] [美] 保罗·莱文森：《数字麦克卢汉：信息化新纪元指南》，何道宽译，社会科学文献出版社 2001 年版，第 58 页。

[3] 同上书，第 7 页。

互联网为人们带来了广阔而精彩的虚拟时空，但是却将人们牢牢限制在了室内和电源面前。手机诞生以后就为人类解除了这个束缚，人类身体的移动性加上手机的连通性，使得手机比互联网带给人类更加重大的意义。① 正如马歇尔·麦克卢汉所言，新媒介的出现并不意味着旧媒介的消亡，而是将旧媒介变为自己的内容。如果说互联网是"媒介的媒介"，手机就是移动状态中的"媒介的媒介"。

然而，媒介就是在不断的补救与被补救中得到进化的，手机比起报纸、电视和电脑而言，屏幕信息呈现区域非常狭小，这不仅增加了人们的阅读困难，也降低了人们对长时间阅读的耐心程度。对于视频信息而言，无论屏幕尺寸还是电池续航能力都无法保证视频的收视效果。② 手机所体现出来的这些天然缺陷，同样需要新的媒介来进行补救，这个新媒介就是以 iPad 为代表的 iPad。

iPad 在不到三年的时间里，共出品了四代 iPad，在外观设计、屏幕尺寸、体积重量、显示屏幕、运行速度等方面不断进行强化与改善，在技术设计和用户体验上始终遥遥领先，引领着整个 iPad 行业的发展潮流。而第五代 iPad 更是从 iPad mini 上借鉴设计理念，做得更加轻薄。同时它的第二代 iPad mini 也比第一代配置了更高分辨率的 Retina 显示屏。从当前来看，iPad 是最人性化的移动媒介终端，其全面化的功能体验以及对媒体强大的吸引力，表明 iPad 的媒介融合力是史无前例的，它在媒介融合的"终端统一"道路上向前跨了一大步。

媒介技术的发展是无止境的。当技术的发展一步一步解决面临的瓶颈后，众多的终端设备或许将实现归一。目前 iPad 的便携性要比手机差一些。正是这个便携性上的不足，使 iPad 还要进化，最终将和手机融为一体。因此，未来的终端将可能是 iPad 与手机的融合，到时候它是"便携式微型终端计算机"的简称。③ 媒介融合与终端统一，iPad 为我们带来了新的企盼与想象。

---

① ［美］保罗·莱文森：《手机：挡不住的呼唤》，何道宽译，中国人民大学出版社 2004 年版，第 9 页。
② 靖鸣、刘锐：《手机传播学》，新华出版社 2008 年版，第 215 页。
③ 陈建功：《手机——未来互联生活的中心》（http：//www.cnnic.cn）。

第二节　iPad 的再现自然化

媒介化社会是当今时代的一个重要特征，随着媒介的不断进化，媒介再现真实世界的能力也在不断增强。iPad 能够全景式的再现真实，打造了更加自然化的媒介再现新图景。

一　真实世界的媒介再现

在变幻莫测的现代社会，人们日益依赖媒介来认知现实中的世界，媒介化生存成为现代人类不可逾越的生存状态。传播媒介所构建的媒介环境在不断扩展，对人们的影响日益加深。人们依赖媒介环境形成对现实世界的认知判断，在此基础上进行的实践活动最终又反作用于现实环境，使现实环境越来越具备媒介环境的特点，这就是日本学者藤竹晓提出的"媒介环境的环境化"的含义。[①] 真实世界的媒介再现状况如何，就决定了人类的信息判断和行为取向，并进而直接关系到人类的社会实践及其后果。

美国环境学派的著名学者保罗·莱文森分析了传播的两个基本目标：一是跨时空的信息延伸；二是延伸的信息精确表达原来的信息。最初是用声带作用于空气来传达树木、狮子等物质世界的信息，接着是用文字的视觉形象来表达声波，虽然信息大大延伸，却形成进一步的抽象。于是后来的媒介不仅指向跨时空的信息延伸，而且试图重新捕捉在言语和文字传播中失去的物质世界的成分，比如摄影术给印刷提供永久性，同时又不必把视觉世界推进双重抽象的磨难之中。[②] 对于现实中的人们而言，他们不仅希望能够跨越更广阔的时空范围来传播信息，而且还希望信息在传播的过程中和传播的终点依然能够保持信息的原汁原味。[③] 媒介再现中的世界多大程度上符合真实的自然的世界原貌，这已是人们最为关心的传播问题之一。

相对于以往的传统媒体，被称为"第四媒体"的互联网媒体在真实世界的再现上表现出前所未有的强势，如果说传统互联网可以让每个家庭

[①] 樊葵：《媒介崇拜论》，中国传媒大学出版社 2008 年版，第 15 页。
[②] ［美］保罗·莱文森：《思想无羁：技术时代的认识论》，何道宽译，南京大学出版社 2003 年版，第 155 页。
[③] 崔林：《媒介进化：沉默的双螺旋》，《新闻与传播研究》2009 年第 3 期。

都有了一扇通向虚拟世界的"任意门",那么移动互联网的发展就是让"任意门"真正属于每一个人。固定的宽带网络虽然已经足够强大,但是固定的网线束缚了我们自由传播的时空,而移动通信技术和移动终端技术的日益成熟和飞速发展,使得我们真正拥有了随时随地在互联网世界中畅游的自由,我们可以通过移动互联网来了解最新资讯、处理公务、聊天灌水、逛街购物、听歌看碟等,这种移动互联生活模式渗透世界的每个角落,正剧烈地改变着每个人的生活。① 密苏里大学新闻学院迈克尔·麦金教授对移动媒介终端的真实再现非常关注,他认为移动媒介终端领域里正呈现出两个发展新趋势:第一种是情景放大或真景再现,即利用移动媒体的定位系统,与某一个位置及其周边相关数据结合起来,使得人们依靠移动媒介终端就可以得到某个地方复杂的全面的信息,并以情景再现的方式展现出来;第二种趋势是移动信号环境,所谓移动信号环境就是在我们周围全部采取无线覆盖的形式,使我们家里的所有用品、工具以及办公相关技术和工具全部处于无线连接之下,时刻处于一个现实与虚拟交互的环境当中。因此,当前已经实现了互联网终端和移动媒介终端再现真实世界的功能,而媒介技术的进化不会停步,在真实再现的技术上开展了其他更新的探索。

著名的谷歌公司就开发了一个"谷歌眼镜"的新媒体项目。人们戴上谷歌眼镜,行走在任何地方,都可以随时随地获得相关情况的提示,比如会在行走中给予行走指南,哪条路可以走或者距离更近,而且可以清晰展现相关地方的信息,可以精确判断某些物体与人身体之间的距离,人们在看到美好景观或趣事的时候,可以立即对谷歌眼镜下达拍摄指令,就能够将这些情景以相片或视频的方式记录下来,以便自己以后观看或与亲朋好友分享。这绝不是科学幻想,谷歌公司已经将这款眼镜推向消费市场。此外,日本的高科技公司开展了一个关于未来国际会议真景情境下的实验。在这个实验中,国际会议可以根据需要,展现任何现实的画面(即真景再现),通过使用3D技术展现各种需要的情景。比如瑞典的一个总公司要召开国际会议,会议参与人员可以是分散在世界各地的,瑞典的公司可以通过真景再现的拟态现场和世界各地参会的人员进行交流,并且可

---

① 高邦仁、王煜全:《流动的世界:奔向移动互联网时代的生活》,清华大学出版社2010年版,第13页。

以同时分享和讨论所有的会议文字资料和视频资料。这种远程真景再现的会议方式使得身处世界各地的人们能够获得如同在一个会议室开会一样的情形。甚至还有实验在利用这种真景再现的方式对汽车进行虚拟驾驶。韩国某个大学正在进行一项实验，用一种具有特殊功能的柔软超薄的材料做出类似手机和 iPad 结合体的信息芯片，起到无线网络终端的作用，用它来作为手机电话、闹钟、交通气象信息、MP3 音乐播放器等，还可以用于办公室的监视器或电脑显示器之用，厚度很薄以至于可以折叠放入口袋，或者折叠成细长条的形状像手表一样戴在手腕上，还可以进行视频对话、电子支付、浏览器上网、看视频节目等。相关的科技实验在世界范围内如火如荼地开展，利用新媒体全景再现真实世界，这不是遥不可及的梦想。从当前来看，iPad 已经在进行着全景再现真实的媒介实践，以当前最人性化的方式呈现给用户一个高仿拟真实的世界图景。

二　iPad 的全景再现真实

　　iPad 作为媒介进化的最新技术媒介产品，它不仅是人类传播历程中又一次跨越时空的延伸，而且做到了全景再现真实的媒介呈现状态，在保真度上也拥有当前最佳的媒介表现。

　　iPad 拥有全景再现的高端技术，只要用户在无线网络或 3G、4G 网络条件下，就可以通过 iPad 终端上的相关应用客户端程序，达到随时随地了解相关实景信息的目的。用户在任何一个地方时，关于此地的信息都可以通过实景再现来展现在 iPad 终端上，供用户进行全景式的信息体验，相关的视频、图像等信息都可以直观获取。如有些商家将全景再现系统与房地产促销结合起来，成为房地产促销的有力手段。用户只需在现场用 iPad 对准房地产建筑，就可以了解到其房型设置等情况，并用照片秀的方式展现出全景式的房屋信息。房地产广告是美国分类广告的重要来源。网络兴起以后，报纸的房地产分类广告几乎丧失殆尽。如果在报纸上用二维码和真景再现的技术，就可以使得报纸拥有的分类广告资源得到新的呈现，这就具有了重新掌握分类广告销售量的可能性。还有的应用程序将某些地方相关的电影和纪录片、资料片等连接起来，当你将 iPad 等移动终端指向这些地方时，这些片子就会呈现在 iPad 屏幕上。这个对于广播电视部门来说是一个很好的应用，可以将某些著名景点的片子拍好存在相关的数据库里面，做成这样的一个应用程序，只要受众身处这些地方，就可以通过应用程序来充分了解相关信息并体验这些信息带来的视觉享受。iPad 使用全景再现的方式来展示真实世界的相关信息，大大丰富了人们信息获取体验。而且它很好地解决了人类传播所面临的"保真度"的追求与实现"传播自由"的技术之间的矛盾。① 在这种媒介再现的技术之下，只要不断出现相关应用客户端程序的开发，就会为用户带来源源不断的全景式的信息体验，这种人性化的传播状态是符合媒介发展潮流的，它既实现了传播时空的自由延伸，也让人们获得了全感官的真实信息体验，这无疑回到了人类获取信息的人性本初状态。

媒体类的 iPad 应用客户端程序中，不乏全景再现的案例。美国著名的《连线》杂志发布的 iPad 应用客户端，就是用了很多全媒体化的手段展示信息，成为制作最精良的应用程序之一。其中有一篇关于工业上使用无人驾驶飞机的报道，这个报道的标题采用动漫的形式，给人一股强烈的视觉冲击力，然后提供各种信息分享的形式。它运用大量全屏的高清照片吸引受众的注意。相关的视频信息也嵌入进文字报道内容页面当中，如报道中嵌入了一个关于用无人驾驶飞机送外卖的视频。同时该条信息还报道了有关无人驾驶飞机的规则，并着重用照片秀的形式展示。也介绍了无人驾驶飞机的技术层面，其速度可以达到超音速、可以装载相关的网络或其他媒体的信号播放传输设备，均用视频与图片结合的方式来展示。《连线》杂志甚至连广告都做成精美的多媒体广告甚至互动广告。比如一个关于丰田油电混合车的广告，就是以动漫的形式做的互动游戏类的广告，iPad 用户从中可以获得驾驶油电混合车的模拟体验，在游戏体验上花费越多的时间，就越能达到广告商的目的。这种视觉化、个性化、互动化、立体化的全景式信息展示模式，为人们获取新闻信息带来了更多的乐趣和享受。对于新媒体产业而言，毫无疑问，它呈现了新媒体的一种新运营形态。

中国的媒体类 iPad 应用客户端在不断发展当中，一些人性化的信息报道方式也在不断出现。iPad 媒体的全景再现真实，在指引着 iPad 应用的发展动向。就一般的媒体应用而言，最理想的一种状态是媒体机构与高科技公司的真正融合联姻，这样既能发挥媒体的强大信息功能，又能充分利用高科技公司的应用技术开发，从而杜绝当前中国众多媒

---

① 崔林：《媒介进化：沉默的双螺旋》，《新闻与传播研究》2009 年第 3 期。

iPad应用"两张皮"似的状态。总之,立足于媒体应用客户端不断进行完善,就能充分发挥 iPad 媒体的强大功能,从而打造全景再现真实的新媒介图景。

第三节 iPad 的使用人本化

人性化的媒介,一方面能够充分满足人的信息需求,另一方面也能够尊重人的主体价值。iPad 作为最新的人性化传媒产品,为用户的使用人本化提供了极佳的媒介终端平台。

一 人的信息需求满足

iPad 作为当前最人性化的技术媒介,为用户带来不同以往的使用体验。相对于以往的媒介,iPad 更好地满足了人们全面的信息需求,不仅能呈现各方面有价值的信息,也包含满足用户社交和互动信息的需要。

iPad 作为媒众追求的目标是以最人性化的方式更好地满足人们全面的信息需求。实际上,这也是当今所有新兴媒体的努力方向。新兴媒体的信息提供方式有两点值得特别关注:第一,新兴媒体的位移和时移。电视是在客厅的媒体,而新媒体是便携式的,我们可以在移动状态下接收信息;第二,新媒体带来新的信息获取体验。从被动接收到自主选择,如人们已从看电视转变为用电视,过去的电视是教育工具,而现在的移动电视是生活工具。[①] iPad 作为移动媒介终端的最佳代表,正在引领新兴媒体的发展航向。

iPad 为了更好地满足人们的信息需求,必须采取与以往媒体不同的信息提供模式,建立与使用者之间的独特传播关系,因为大众媒介正在跃入"第二时代",很有可能促成一种集制作者、销售者和消费者于一体的系统,在这个系统下,传播关系将呈现为一种全新的形态,传统的传播关系中存在的制作者、销售者和消费者这三个概念之间泾渭分明的界线将在此消失。[②] iPad 用户不仅需要 iPad 媒体提供全面的信息服务,同时也需要

---

① 石长顺:《中国数字视听新媒体的发展现状与走势》,载范以锦、董天策主编《数字化时代的传媒产业》,暨南大学出版社 2008 年版,第 59 页。

② [美] 马克·波斯特:《第二媒介时代》,范静哗译,南京大学出版社 2000 年版,第 3 页。

iPad 为用户提供制造发表信息和信息互动交往的平台服务。

美国广播公司 ABC 的 iPad 应用客户端，最初采取的是转动的高清地球仪以供用户选取地点获取新闻的方式，这在当时的新闻应用客户端中是独一无二的创造性的模式，但是美国广播公司 ABC 后来经过用户市场调查就取消了这种模式，变成普通的平面展示的信息呈现方式，原因在于用户不太适应这种信息方式。美国广播公司 ABC 作为一家著名的广播电视集团，它的应用彰显视觉的元素，天气播报和其他一些新闻设置都强调它的视觉页面。ABC 有很好的导航向导，比如说点击右上角的按钮可以查看 ABC 的节目分类，一些经典的栏目都可以展示出来，可以方便地进行选取和观看。同时在你选取新闻节目的时候，相关的娱乐类节目也会展示出来供有兴趣的受众选择。ABC 应用的新闻内容展示都是经过重新定制，与空中节目展示的方法完全不同，在定制的过程中也依据不同的时段不同的受众需求，如早间时段就设置与早晨有关的新闻内容，下午会有很多的突发新闻，到了周末会有轻松的副刊式的新闻广播，因此获取的内容就比较多样。ABC 也非常重视社交媒体的应用，将社交媒体中的热点、焦点问题等展示出来，并且标明热度，如多少人对这条信息进行了转载和推送，充分满足用户社交性的互动信息需求。另外，在副刊类的运营方面，由于这些应用都是 ABC 开发的，所以它们充分利用了视觉优势，做了很多照片秀展示内容。而实践结果表明照片秀产生了很好的效应，受众很乐意在照片秀上花费时间。由此来看，设计一款完美的 iPad 应用程序，需要充分顾及用户的信息需求。只有有效吸引用户通过手指的拨动，产生心理的愉悦和满足，iPad 媒体才算是真正实现了它的人性化诉求。

对于 iPad 媒体的信息供应而言，信息需求的个性化满足显得十分关键。首先，这种信息满足过程是一个体验的过程，不仅是内容流，而应该是有多种信息格式的沉浸式的、功能强大的体验；其次，信息供应采取智能化的内容推荐和自动筛选机制，带给用户的是量身定做的信息推荐，自动过滤那些用户不感兴趣的内容，而非海量的信息内容供应，乃至广告内容也会根据用户个人资料和兴趣等数据来呈现个性化广告；最后，用户社交化的信息需求应得到满足，社交网络中朋友的新闻关注和相关活动对用户来说很重要，这项内容要进行用户个人化的信息供应。这些都是 iPad 媒体满足个性化信息需求的关键性要素，集中为我们展现了未来数字媒体的愿景,那就是打造一个"我"的专属世界。① 这种满足个性化的信息需求,同时也关涉 iPad 对人的主体价值尊重。

二 人的主体价值尊重

iPad 的人本化使用,必然包含对人的主体价值的充分尊重。它需要 iPad 媒体从用户的本体地位出发,尊重个体用户的不同需求和个性化选择。

iPad 终端比传统电脑终端更为重视人的主体性,因为它充分考虑了人的使用便捷性和舒适度,这是移动互联网的优势,也是传统互联网所难以做到的。传统互联网开辟了赛博空间的新景观,使我们观赏到在家里和办公室里看不见的景色。尽管如此,因特网把我们牢牢地拴在座位上,让我们在真实空间中牢牢地粘贴在电脑显示屏上。如果你想让脑子游遍天下,你的身子就不得不困在很有限的几个地方,一般是正襟危坐、待在户内、困在电脑前。脑子飞扬,脊背却受苦……具有讽刺意味的是,快速浏览器使我们更加倚重电脑。打开网页的速度越快,使用者越是要频繁地为电脑服务。② iPad 的使用体验已经远远高于传统电脑终端,它的轻薄让你可以时刻捧在手中,它的移动性使得用户可以随时随地使用,同时它比同为移动媒介的手机终端更易操作和体验舒适。这正是基于人的本体价值而出发的。

iPad 媒介终端尤其强调用户与终端之间的亲和性,即人机交互性。美国流行一个经典视频,展现了一个小宝宝正非常开心地玩 iPad,紧接着把 iPad 拿走,而给他换上报纸、书籍等印刷媒体时,他表现得很不开心,因为通过触摸点击、上下滚动等动作,这些印刷媒体丝毫不产生任何反应。小宝宝干脆放弃了这些印刷媒体,而当他重新得到 iPad 后又高兴地笑了。由此,iPad 的触摸体验与小宝宝的开心表现产生了有机的关联。虽然没有足够的证据证明这个现象,但我们可以从媒介进化论中获得一定的理论认识,媒介无论如何进化,它的方向总是和前技术时代的人类传播方式越来越协调一致,而不会扰乱人类天然存在的内在生理特性,因为这

---

① 腾讯科技:《数字媒体未来:打造个性化用户体验》(http://www.soft6.com/v9/2012/pldj_0110/168043.html)。

② [美] 保罗·莱文森:《真实空间:飞天梦解析》,何道宽译,中国人民大学出版社 2006 年版,第 39 页。

是人性里最持久的因素，诸如听觉、视觉和触觉感官在所有传播中的使用。密苏里大学新闻学院教授迈克尔·麦金认为，在移动媒体终端发展中已经形成了一条准理论：通过触屏使受众产生吸引度，通过吸引度使受众产生对移动终端的忠实，受众越开心则忠实度越强。

随着年轻一代和新媒体的同步成长，新一代的媒体受众在这种高科技世界中穿行就如同普通家庭厨师使用微波炉一样自如，因此他们的新媒体习惯将会使新媒体科技继续前行，他们的行为选择、方式和内容选择将会影响着未来媒体的设计、外观和感觉。交互技术的本性将会反映出新一代受众的生活形态和态度。① 无论是什么样的 iPad 用户，他们在体验何种 iPad 应用客户端时，都有同样的一个标准要求，即迈克尔·麦金教授提出的 iPad 应用的"好用度"标准。

好用度标准的第一个方面，是在应用程序上的导航是否方便、明确。对于应用程序而言，导航是非常重要的，比如你想看某报纸应用程序的某个专栏。如果应用程序的导航不明显，甚至 iPad 用户都看不明白的话，用户就会抛弃这个应用程序，那么这个应用程序就是失败的；好用度的第二个方面，是解决所谓"胖手指"问题。有些应用程序的功能键设置的图标比较小，手指按上去可能不容易按准确，甚至有的应用程序的有些功能键太小以至于不容易看见；好用度的第三个方面，是提供比较好的指南方式。如默多克的《日报》，它的右下方的"往前翻页"的功能键非常鲜明，用重色调的"黑条"来展示功能键和导航键的专门区域，而且每页都有一个黑条，读者就会对它的导航产生一种持续感和同一感，这样就很容易适应。

为了做到对 iPad 用户主体价值的充分尊重，对用户的全面了解和调查是必不可少的。从国内 iPad 应用来看，这方面做的还很不够。真正好的媒体应用不是看你有多少内容提供，而是看你是否提供给用户需要的内容。因此，iPad 应用方面必须改变以往的媒介思维，真正从用户的角度出发，明白用户在想什么，想要什么，想以怎么样的方式得到信息。个性化机制是转型媒体业务潜力最大的因素，媒体应该在合适的时机选择合适的地点为不同的用户提供适合的内容。正如社交革命已经证明的，转型的

---

① ［美］约翰·帕夫利克：《新媒体技术：文化和商业前景》，周勇等译，清华大学出版社 2005 年版，第 355 页。

真正价值在于不再把"我"看成一个 IP 地址、一个浏览器、一个账号，而是把"我"看成一个完整的人，"我"是"我"。未来的媒体必须为用户打造一个自己的专属世界。数字媒体需要以一种实实在在的人的角度来关注和了解用户的需求。因此，作为发布内容的媒体，所要面临的挑战即是要为受众生产更有意义的内容。每一位受众都必须成为媒体生产内容最为重要的考量因素，要用不同的眼光时时刻刻关注每一位用户。[①] 这正是从用户主体的本位出发对用户个体价值的尊重。

[①] 腾讯科技：《数字媒体未来：打造个性化用户体验》（http://www.soft6.com/v9/2012/pldj_0110/168043.html）。

第四章

人性化生产：iPad 媒体的独特形态

iPad 的媒体化发展迅速，传统报纸向 iPad 转型、广播电视向 iPad 拓展、网络媒体向 iPad 延伸。iPad 媒体作为一种人性化的形态，无论在内容构成上还是在形式设计上，均与以往的媒体有着显著不同。iPad 媒体还有着独特的生产运营模式，其中应用开发是前提，内容生产是关键，经营模式是保障。

第一节 iPad 的媒体化发展

任何新兴媒体在最初往往是以"玩具"的面目出现，然后经历一段时间后逐渐转变为"媒体"。随着传媒科技呈现"加速度"式的发展，由"玩具"转变为"媒体"的时间日益缩短。iPad 从诞生开始就已经不仅是玩具，更是肩负了重要的媒体功能。从印刷媒体到广播电视，再到网络媒体，都在 iPad 上找到了全新的起点，纷纷上线自己的 iPad 应用客户端。

一 传统报纸的 iPad 转型

在所有的传统媒体当中，报纸的转型是最为迫切的，中国报业在不断探索各种转型的出路，iPad 的诞生给予了报纸一个崭新的转型契机。自 iPad 诞生以来，世界各地的报纸媒体纷纷打造 iPad 新闻应用客户端，以尽快抢占 iPad 用户这一消费群体空间，尤其希望进入 iPad 媒体的第一梯队，成就自己的未来发展。诸如美国的《纽约时报》《今日美国》《华尔街日报》，英国的《泰晤士报》《每日电讯报》等，这些报纸领衔打造了世界上第一批报纸类 iPad 应用客户端。尤其值得关注的是，新闻集团专门雇用 100 多名精英采编人员、注资 3000 万美元打造 iPad 专门的新闻应用——The Daily，虽然运营了不足两年时间就因为投入过大造成入不敷出而停刊，但它毫无疑问是 iPad 新闻应用中的一个精品，它给其他 iPad 新闻应用提供了宝贵的经验教训。中国拥有着庞大的报纸媒体队伍，自然也非常重视这个崭新的发展机遇。国内诸多报纸媒体在 iPad 诞生之初就看到了这个优秀平台为报业带来的种种可能性，并迅速上马组织团队打造出了自己的 iPad 新闻应用客户端。

首先，本书通过苹果公司的 APP Store 进行关键词综合检索，截至 2013 年 2 月 20 日，仅中国大陆地区的传统报纸媒体发布的 iPad 新闻应用客户端数量就已高达 170 个。而笔者在 2012 年 7 月 31 日的统计数量为 140 家，在更早的 2012 年 1 月 20 日的统计数量为 104 家。如此迅速的发展实在令人惊叹。这里的统计数据还尚未包括大量的报纸集成类应用客户端以及海外华文媒体的 iPad 应用客户端。中国报纸向 iPad 媒介转型的热度由此可见一斑。为了便于分析中国报纸的 iPad 媒介转型的详细情况，特将这些应用客户端进行分类，大致包括了"中国党报（报业集团）的 iPad 应用"、"中国都市报（晚报）类的 iPad 应用"以及"中国专业报（行业报）类 iPad 应用"等三种类型。

表 4—1　　　　　中国党报（报业集团）的 iPad 应用

中央级报媒应用	省级党报应用		市级党报应用		
人民日报 HD	北京日报	南方日报	广州日报	深圳特区报	福州日报
人民日报数字版	解放报业	浙报传媒	闽东日报	闽南日报	杭报集团
人民日报海外版	文汇报	新华报业传媒	贵阳日报	南京云报	东莞日报
环球时报	新华日报	重庆日报	宝安日报	温州报业	宁波播报
参考消息	安徽报业	云南日报	嘉报传媒	苏报云媒	苏州新闻网
光明日报	湖北日报	辽宁日报	番禺日报	柳报传媒	舟报新传媒
光明云媒	山西日报	黑龙江日报	常熟日报	长春日报	无锡新传媒
解放军报			德州日报	张家口日报	

从表 4—1 来看，截至 2013 年 2 月 20 日，中国党报（报业集团）的 iPad 应用的数量达到 45 个，其中中央级报媒的 iPad 应用为 8 个，省级党报 iPad 应用为 14 个，市级党报的 iPad 应用为 23 个。众所周知，中国党报是各级中共党委的机关报，但是我们发现，级别越低的党报反而发布

iPad 应用的数量越多。这可能与中共党委机关的"金字塔"形分布结构相一致。但另一方面这也说明,中国地方党报在向 iPad 转型方面的积极性是非常高的,因为 iPad 应用客户端可使其突破地域空间的限制,而更重要的是,报纸受众的阅读习惯也正悄悄转向数字化阅读。

从总体数量上看,中国党报的 iPad 应用一共为 45 个,相对于中国大陆庞大的党报群落而言,能够占据的比重实在是微不足道,因此还有待进一步打开局面。iPad 的用户群中,党政人员作为社会高端人士,本来就是 iPad 用户的重要组成部分,而且党政人员比其他人士更为关注党委机关报的内容信息。因此,这也意味着党报开发 iPad 应用客户端是有很大的市场潜力的,至少它能满足拥有 iPad 平板媒介的各级党政机关工作人员的权威信息需求。从这一点出发,本书认为中国今后会有更多的党报开发 iPad 应用客户端,以顺应移动互联网时代报业"移动化"数字转型的发展潮流,从而进一步满足日益增多的数字受众"移动化"电子阅读的信息需求。

表 4—2　　　　　　　中国都市报(晚报)类的 iPad 应用

东部地区			中部地区	西部地区
北京晨报	京华时报	新京报	潇湘晨报	华商报
北京商报	人民画报	北京青年报	新安晚报	华西都市报
东方早报	新民晚报	申江服务导报	江西晨报	贵阳晚报
东方图片报	华东旅游报	旅游时报	大河报	成都商报
扬子晚报	江南晚报	扬州晚报	河南商报	成都女报
温州都市报	南方周末	南方都市报	山西晚报	成都晚报
羊城晚报	羊城地铁报	江南时报	三晋都市报	重庆时报
东莞时报	现代快报	时代周刊	生活晨报	重庆晨报
都市快报	城市画报	山东商报	信息日报	重庆晚报
福州晚报	海峡都市报	深圳商报	长春晚报	四川画报
I 时代报	半岛晨报	鲁中晨报	青年导报	三秦都市报
辽沈晚报	德州晚报	燕赵都市报	信息时报	
外滩画报	钱江晚报	江南都市报		
宁波晚报	江苏商报	海峡导报		
风尚周报	海西晨报	新快报		
今晚报				

通过表4—2，凭借直观就可以形成两个基本判断：一是与表4—1比较，中国都市报（晚报）类的iPad应用数量远远多于中国党报（报业集团）的iPad应用数量；二是中国都市报（晚报）类的iPad应用主要集中于东部地区。

经过统计，中国都市报（晚报）类的iPad应用数量为69个，比中国党报（报业集团）的iPad应用数量（45个）超出24个。我们从报纸iPad应用的属性来看，中国都市报（晚报）属于完全市场化运营的报纸。因此，报纸是否开发iPad应用客户端，与报纸的市场化程度有着天然性的关联。市场化程度越高的报纸，开发iPad应用的动力就越强，因为市场化生存的报纸本身面临着巨大的竞争压力，它必须不断寻找能够拓展市场空间的新机会，唯有如此才能保证自身的生存和发展。当iPad为它提供了如此强大的发展平台后，便能迅速抓住这个发展机会。然而，党报系统内的机关报纸与之恰恰相反，由于不存在这种市场化竞争的生存压力，所以也就缺乏开拓进取的充分动力，在开发iPad应用上就明显不如都市报（晚报）等市场化报纸的积极性高。从发展趋势上看，将来开发iPad应用的党报会逐渐增多，但都市报（晚报）类的iPad应用仍将占据报纸类iPad应用的主流。

其次，再来分析中国都市报（晚报）类iPad应用的地域分布。为了统计和分析上的便利，本书将中国划分为东、中、西部三个区域。中国在1986年划分了三个区域的具体范围，由全国人大六届四次会议通过的"七五"计划正式公布，后来经过多次调整到当前格局。按照国家相关规定，东部涵盖11个省级行政区（北京、上海、天津、浙江、广东、江苏、福建、山东、河北、辽宁、海南），西部涵盖12个省级行政区（内蒙古、陕西、青海、宁夏、甘肃、新疆、西藏、云南、广西、贵州、四川、重庆），中部则涵盖8个省级行政区（湖北、湖南、吉林、黑龙江、山西、河南、安徽、江西）。从表4—2可知，东部地区的都市报（晚报）类iPad应用数量为46个，中部地区的都市报（晚报）类iPad应用数量为12个，西部地区的都市报（晚报）类iPad应用数量为11个，从东部到中部再到西部正好呈现逐级递减的状态，这与各个区域的经济社会总体发展水平成正比例关系。尤其是三个区域中经济社会总体发展水平最高的东部地区，其都市报（晚报）类iPad应用占全国都市报（晚报）类iPad应用客户端总量的比例接近七成（66.7%）。

iPad 作为一种高端信息产品，对于中国普通百姓而言近似于奢侈品，而非生活必需品。在 iPad 购买上，东部发达地区的民众比相对落后的中西部地区民众更有经济购买力，全国性的 iPad 用户调查数据也充分证实了这一点，加上东部地区受众的信息需求水平普遍更高，而市场化程度更高的东部地区媒体也更会遵循市场逻辑，从而着力开发更能满足受众需求的 iPad 新闻应用。中西部地区的经济社会也在不断发展，iPad 用户肯定会不断增多，移动化的电子信息需求将更为强烈，从而刺激中西部报业向 iPad 媒体强力转型。但中国报纸 iPad 应用发展的区域性不平衡是会始终存在的。

表 4—3　　　　　　中国专业报（行业报）类 iPad 应用

财经产业类			健康体育类	其他行业类	
经济观察报	经济参考报	经济晚报	医师报	中国电脑教育报	电脑报
第一财经日报	每日经济新闻	中国经营报	生命时报	中国计算机报	中国网友报
上海证券报	金融俱乐报	21 世纪	健康报	网络导报	中国文物报
21 世纪经济报道	投资者报	河北经济日报	健康咨询报	音乐周报	国家电网报
服饰导报	房地产报道	粮油市场报	体育画报	中国旅游报	中国体彩报
通信产业报	国际商报	证券日报	篮球报	图书馆报	艺术生活画报
证券时报	中国证券报	大众证券报	中国体育报	英语学习报	音乐生活报
中国财经日报	汽车导报	中国汽车报	体坛周报	中国远洋报	浙江法制报
中国汽车画报	中国能源报	世界建筑导报	医学论坛报	中国国土资源报	云南法制报
			中国食品安全报	中国新闻出版报	

中国报业除了党报（报业集团）和都市报（晚报）开发 iPad 应用客户端以外，许多专业报（行业报）也纷纷推出自己的 iPad 应用客户端。通过表 4—3 发现，专业报（行业报）iPad 应用总量达 56 个之多，数量超过中国党报 iPad 应用的总量（45 个）。在这些应用中，最为集中的是财经产业类报纸的 iPad 应用（27 个），然后是健康体育类报纸 iPad 应用（10 个）。此外，电脑信息类报纸也有多个 iPad 应用（5 个），其余则是一些行业性报纸的应用。

财经产业类报纸的 iPad 应用在中国专业报（行业报）类应用中所占比例将近一半（48.2%）。在经济社会全面快速转型的中国，社会主义市场经济越来越与国际接轨，市场化的步伐越来越快，而在瞬息万变的市场领域，权威经济信息的即时获取对于中国国民尤其是商界人士而言是至关重要的。有关调查结果显示，商界人士是 iPad 用户群的重要组成部分。财经产业类报纸媒体拥有最权威的财经信息源，借助 iPad 应用就可以更好地满足这些高端商界人士的信息需求，因此在苹果应用商店 APP Store 这个特殊的媒介生态环境里获得了不错的生态位，争取到了很好的成长空间。国外最典型的是《华尔街日报》的 iPad 应用客户端，虽然需要高价订阅，iPad 用户仍然趋之若鹜。之所以如此，是因为财经类新闻应用提供的权威信息甚至独家信息，内容上具有不可替代性。

此外，健康和体育是分不开的，在社会节奏日益加快和工作生活压力日益增大的当今时代，人们的健康问题越来越突出，而且越是高端人群健康问题就越严重，他们也开始关注健康问题，而这个人群又是 iPad 用户的主体人群，因此健康类报纸 iPad 应用就找到了一定的生存机会。体育类报纸更是将体育爱好和健身锻炼融于一体，也找到了自己的生存空间。同时，电脑信息类报纸 iPad 应用为 iPad 用户提供了最新电脑科技信息和网络服务信息，有利于人们更好地使用电脑和网络。一些行业类报纸发布的 iPad 应用则为本行业人士获取行业权威信息提供了最佳平台。总之，各种报纸 iPad 应用皆是契合了自身的内容供应和用户的信息需求，从而获得应用商店里一定的生存空间。

表 4—4　　　　　　　　其他中文报纸类 iPad 应用

海外中文报纸应用			报纸集成类应用		独立画报类应用	
光华日报	欧洲时报	北欧时报	中文报刊	报刊文萃	创意画报	中新画报
亚太日报	周末画报	东方日报	看报纸	全国报纸总汇	新闻画报	旅游画报
澳门日报	香港成报	香港文汇报	联讯读报	新闻报报看	新锐画报	优家画报
FT 中文网	头条日报	星岛日报	读报	紫新报通阅读器	宠物画报	数码画报
侨报新闻	联合早报	联合报	闻道	香港报纸杂志	设计画报	魔镜画报
联合日报	WSJ 中文版	晶报	喜阅传媒	移动阅读	森女画报	爱淘画报
iDaily 每日环球视野			云端读报	新闻报报看		

除了传统报纸发布的众多 iPad 应用客户端之外，还有其他的一些中

文报纸类应用。表4—4列出了海外中文报纸的 iPad 应用（19个）、报纸集成类的 iPad 应用（14个）以及独立的画报类 iPad 应用（13个），三者共计为46个。

第一，海外中文报纸的 iPad 应用为国外的华人华侨提供了一种崭新的阅读方式。海外华人华侨普遍具有中文信息获取的习惯和需求，这正好为海外中文报纸 iPad 应用提供了良好的生长机遇。第二，报纸集成类的 iPad 应用也是报纸类 iPad 应用的一个亮点。这些集成类的 iPad 应用将众多报纸收罗到一起，iPad 用户可以根据自己的喜好和需求进行自主选择下载阅读，也支持微博分享，还可以将读者想保留的内容版面通过剪报功能予以保存。虽然多数提供的是各大报纸电子版，但是它能让不同的 iPad 用户根据自身需要实行个性化下载阅读和分享，得到了众多 iPad 用户的支持，甚至个别报纸集成类应用在所有新闻类 iPad 应用下载中都名列前茅。第三，独立的画报类 iPad 应用为数也很多，这些应用多是一些独立机构或开发公司专门为 iPad 开发的画报类应用，并没有依托传统报纸。它们的特点是完全针对 iPad 的特性，大量运用高清大尺寸图画和照片的方式传递信息，极具审美价值，为 iPad 用户带来不同的视觉感受，在视觉愉悦中获取高质量信息。因此，这些应用也获得了部分 iPad 用户的青睐。

二　广播电视的 iPad 拓展

在传统媒体之中，纸媒是在媒体转型中表现最为积极的，除了上述报纸媒体发布 iPad 应用客户端外，中国大陆传统杂志发布 iPad 应用客户端的数量更是高达1000多家。与传统报刊媒体相同，全球广播电视媒体也在寻求和拓展新的发展空间，如美国的 NBC（全国广播公司）、ABC（美国广播公司）、CBS（哥伦比亚广播公司）、CNN（美国有线电视新闻网）以及英国的 BBC（英国广播公司）、Sky TV（天空电视台）等广播电视机构都纷纷进军 iPad，发布了自己的 iPad 应用客户端。中国的广播电视媒体也非常关注 iPad 提供的潜在发展空间，部分广播电视媒体已经率先进入广电 iPad 应用的第一阵营。广电媒体通过 iPad 应用客户端的方式又一次大大拓展了自身的发展空间，见表4—5、表4—6。

第四章　人性化生产：iPad 媒体的独特形态　　61

表 4—5　　　　　　　　中国广播媒体类 iPad 应用

广播电台应用	广播电台集成类应用	专业音乐广播类应用
中央人民广播电台 央广新闻 北京广播电台 福建汽车音乐广播 青岛广播在线 21 电台 香港网台	咕咕收音机　　听．广播　　TuneIn Radio 广播电台　　广播中国　　one Tuner Pro 世界收音机　　网络电台　　WRadio 网络收音机　　iRadio　　rad. io 话匣子电台　　Radio 中国应用　　收音机 听新闻　　叮叮网络电台　　Broadcast 荷兰广播电台流　　Livio Car Internet Radio	虾米音乐时代　　悠悠音乐广播 Spin Movies　　Spin Trance Spin Classical　　Spin That Jazz Spin That Rock　　Spin That Latin Spin That Brazilian Soundtracker Spin That Lounge 儿童音乐电台 Dance Plus 酷我音乐　　QQ 音乐 巴士电台　　MV 电台　　豆瓣 FM

　　表 4—5 列出了本书在苹果应用商店 APP Store 搜索到的广播媒体类 iPad 应用。从广播媒体类应用的类型上，本书将之划分为广播电台应用、广播电台集成类应用和专业音乐广播类应用等三种类型。

　　先看广播电台的 iPad 应用。从目前的数量上看，中国广播电台开发专属 iPad 应用的积极性不是很高，已经上线 iPad 应用的广播电台仅有中央人民广播电台、北京广播电台等少数几家。究其原因，主要是广播电台的接收终端已经非常普遍，专业收音机、车载收音机、手机收音机插件、网络音频播放器等，这些接收终端已经为广播电台提供了十分密集的播放平台，使得听众几乎在任何时间、任何场合都可以收听到广播节目，广播"只听不看"的独特属性使其形成了相对稳定的听众市场和广告市场，缺乏进军 iPad 的主观动机。同时，iPad 应用中诸多广播电台集成类应用可以让 iPad 用户随时收听自己想收听的几乎任何一家广播电台节目，它们对具体某个广播电台的 iPad 应用形成较强的替代性。但是不管效果如何，发布 iPad 应用的几家广播电台都大大丰富了中国的广播运营实践。

　　所谓广播电台集成类应用，就是提供一个 iPad 应用，在这个应用里列出了诸多广播电台，用户可以在这些广播电台中进行个性化选择，对自己感兴趣的广播电台节目进行收听。它的优势就在于"集成性"，可以为不同的 iPad 用户提供不同的广播电台收听机会，如同消费者在一个超级市场中进行商品的自由选择，而且它是免费无限量供应的。从数量看，这一类应用为数众多，有些应用甚至可以收听到国外的一些广播电台节目。因此，广播电台集成类应用的优势相当明显。

专业音乐广播媒体的 iPad 应用，提供的节目内容非常集中，仅包括各种类型的音乐节目和海量的音乐歌曲。专业的音乐广播内容使得 iPad 用户进入一个音乐的世界，自由选择自己喜爱的音乐节目或歌曲进行收听，同时"只听不看"的伴随性特征又不妨碍用户的工作、生活和其他活动，不失为一种人性化的音乐收听方式，它为现代人的生活提供了更精彩的音乐体验空间。

表 4—6　　　　　　　　　中国电视媒体类 iPad 应用

电视台应用		电视台集成类应用		网络视频类应用	
浙江电视台	浙江手机台	Dopool	Pocket TV	华龙视听	腾讯视频
无线陕西	长沙网络电视	中国手机电视台	悦视频	MyTube	Tube Surfer
无线苏州	成视移动台	手机视频	Podcasts	天山云	秀场（六间房）
无限鞍山	无线张家港	看电视啦	网络电视	PPTV 网络电视	优酷
贵州广电	5+体育（CCTV5）	中影台	千寻影视	风行电影	搜狐视频
青岛手机台	秦皇岛有线	视频浏览器	视频中国	PPS 影音	爱奇艺高清电视
江西有线	南京广电	手机电视播放器	电视直播	百度视频	乐视影视
浦东电视台	沭阳广电	网络直播电视平台	高清影视	UUSee 电视	Vgo HD
阳光卫视	CCTV.COM	微看电视	酷云 TV	暴风影音	迅雷看看
CNTV CBox	CNTV 直播中国	蜗牛电视	综艺视频	56 视频	土豆网
CNTV 中国网络电视台	对话	掌上高清影视	我在看	搜库视频	QQ 影音
百家讲坛	天天饮食	手机电视	互动电视	新浪视频	中新视频
今日关注	经济半小时	天天影视	魔力高清影视	人民网视频	CNC 中文台
我爱非洲	焦点访谈	TV 客	魔力视频播放器	ICN 移动台	开美沃传媒
星光大道	探索发现	超高清影视	海量高清影视	美国中文电视	央广手机台
第十放映室	中华医药	超级电视	进阶电视直播	高清影视大全	影视汇
健康之路	新闻联播	趣点视频	百视通影视	火花电视剧	电视剧大全
篮球公园	防务新观察	影视大全	ViKU 影视	免费电影下载	看看 HD
海峡两岸	走遍中国	小米影视	W.TV	中国移动电视台（中期公司）	
体坛快讯	走近科学	歌华飞视	微加视频	中国财经电视（中期公司）	
国宝档案	今日说法	一搜视频	第一点播		
影视俱乐部	交易时间	中青视讯	看看新闻网		
开心辞典	影视同期声	东方有线云视			
我要上春晚	深度国际				

通过表 4—6，我们看到电视媒体类的 iPad 应用客户端大致包含电视

台应用、电视台集成类应用以及网络视频类应用等三种类型，多元化的电视媒体应用共同支撑了 iPad 这一新型"电视屏幕"，iPad 成为重要的电视接收终端。

首先，我们看电视台的 iPad 应用。与广播电台的 iPad 应用相比，电视台的 iPad 应用数量要高出许多，从中央电视台到地方电视台皆有相关的 iPad 应用。尤其是中央电视台，不但发布了中央台的 iPad 应用，而且还发布了其他的细化应用，如将 CCTV5 体育频道单独开发出一个 iPad 应用，还将中央电视台的一些品牌栏目分别开发出独立的电视栏目 iPad 应用，以此满足某些栏目忠实观众的特殊需求。借助中央电视台的权威性和影响力，它的这些 iPad 应用也成为广大 iPad 用户收看电视节目的重要平台。电视台的 iPad 应用具有的最大优点就是它们拥有最权威的电视新闻信息源，比网络视频等来源更为权威和值得信赖。

其次，电视台集成类应用的数量繁多，它们基本上遵从一个模式，就是将尽可能多的电视频道放入自己的应用内，供 iPad 用户按照需求和喜好进行选择播放。与广播台集成类应用一样，许多电视台集成类的应用也提供国外的一些电视台频道和节目。因此，它们也有自身的发展优势。

最后，网络视频类的 iPad 应用基本上都是依托网络的视频资源，按照新闻、综艺、电视剧、电影等栏目类别做了详细划分，以方便用户从这些类目中选取自己需要的电视视频。在这些应用中，有的是依托母媒体庞大的节目制作资源，如人民网视频、CNC 中文台、华龙视听等，有的则是纯粹靠引进外部其他媒体的节目资源，如百度视频、PPTV 网络电视、爱奇艺高清电视等，有的则是依靠引进外部电视节目的同时拥有大量网民上传的草根视频，具有一定的社交性，如优酷、土豆网、秀场（六间房）等。

总体而言，电视媒体类的 iPad 应用比广播媒体类的 iPad 应用数量上要多，生产运营上也更为成熟，尤其是网络电视这一新兴电视种群超越传统电视种群，在 iPad 用户的视听活动中占有极为重要的地位。

三 网络媒体的 iPad 延伸

网络媒体近年来的发展势头十分强劲，互联网的"第四媒体"称谓已基本获得认可。截至 2014 年 6 月底，中国网民数量高达 6.32 亿，正是如此众多的网民支撑了网络媒体的高速发展。传统互联网的市场格局目前已大致饱和且渐趋稳定。移动互联网则刚刚兴起，由智能手机、iPad 等终端带动了移动互联网的新一轮浪潮。iPad 在移动互联网发展中功不可没，诸多网络媒体正是看中了 iPad 终端的良好平台，纷纷推出 iPad 应用客户端，以求自身的网络得到进一步延伸。

表 4—7　　　　　　　　　中国网络媒体类 iPad 应用

传统网站类 iPad 应用			社交媒体类 iPad 应用			
网易新闻	网易云阅读	搜狐新闻	网易微博	新浪微博	搜狐微博	腾讯微博
大众网	新浪网	新浪新闻	东方微博	凤凰快博	超级微博	掌上微博
新浪视野	雅虎漫读	新民网	小麦微博	证券微博	微格 Pro	微格阅读
人民网	东北网新闻	新华炫闻	视频微博	Weico 微博	新浪博客	博众资讯
中国经济网	中新网	上海滩网	飞信 HD	上海滩微博	飘信 iPad 版	企业微信
中国文物网	珠海新闻网	科学网	联络	心情分享	说享	大学微博微信
长江网	知音网	时空网	启社汇	三角洲社区	人人网	人民网社区
贵州都市网	3G 东南网	苏州新闻网	QQ HD	辽一网（论坛）	天涯社区	SALE 伙伴网
泉州都市网	丹阳翼网	商务部网站	facebook	Twitter	Social Mobile	We Heart It
超级生活网	工网在线	中国机构编制网				

通过表 4—7，我们看到网络媒体类 iPad 应用主要分为传统网站类 iPad 应用和社交媒体类 iPad 应用等两种类型。两种类型的网络媒体 iPad 应用均达到了一定的规模。

传统网站类的 iPad 应用，多是传统互联网站朝向 iPad 终端的延伸产品，既包括了那些传统的主流门户网站，如网易、新浪、搜狐等商业门户，也包括了报刊等传统媒体所创办的网站，如人民网、新民网、苏州新闻网、长江网等媒体网站。这些传统网站在传统互联网世界中占有非常重要的地位，传统互联网下的网民登录互联网之后的第一落点就是这些网站，网页式的使用模式已经构成了网民普遍的网络接触习惯。然而，当移动互联网时代飞速而来的时候，这些传统网站运营商纷纷意识到这是一次良好的发展机遇，而且将迎来新一轮的网络争夺战。于是，这些传统网站依托自身强大的网络技术和软件开发优势，争先恐后地推出网站的各种 iPad 应用，包括门户类应用、新闻类应用等，数量较多、影响力较大的是新闻类应用。这些网站的新闻类应用既区别于它们传统网站的新闻模式，也区别于报刊、广电等传统媒体的 iPad 应用，集中体现了它们的网络技术优势和信息密集优势，如网站新闻应用中的信息即时更新、重要信息推送等方式，这是报刊、广电等传统媒体的 iPad 应用所无法相比的。

社交媒体的覆盖面和影响力超过了以往所有的媒体类型，成为广大网民使用最频繁的网络媒体种群。这些社交媒体包括微博、博客、论坛、社区等，尤其是微博的影响力最大，它直接影响到了传统新闻媒体的内容生产和运营模式。在移动互联网日益普及的今天，人们借助智能手机、iPad 等终端媒介，随时随地浏览、转载和发表微博信息，更成为网民须臾不可离的随身媒体。社交媒体的 iPad 应用中，不仅包括门户网站等开发的大型应用产品，如网易博客、新浪微博等，也包括人民网社区、上海滩微博等这些小型应用产品。正是通过这些五彩斑斓的社交媒体应用，iPad 用户进行着社交化的信息获取和传播。此外，还有像 Flipboard、《今日头条》这样的社交媒体聚合类的新闻应用也为 iPad 用户提供了人性化的信息获取方式。

第二节　iPad 媒体的人性化形态

传统媒体和网络媒体纷纷以 iPad 应用客户端的方式进入了新兴移动互联网领域，开始了生存空间的新一轮争夺战。无论是传统媒体还是网络媒体，它们在苹果应用商店 APP Store 这一新兴的媒体生态环境中都是同一个起点。iPad 媒体正处于打开市场的初级阶段，谁将在成千上万的媒体类应用中脱颖而出，这取决于谁能够不断探索更适合 iPad 媒体的内容和形式，从而打造出更人性化的媒体形态，谁就会在这一新的媒体环境中获得一定生存空间。

一　报纸媒体 iPad 应用的内容构成与形式设计

（一）报纸媒体 iPad 应用的内容构成

从国内外报纸媒体的 iPad 应用客户端内容上来看，其内容构成大体分为两种类型：一种是移植原版报纸内容，另一种是精选精编内容。其中第二种类型是主流模式。

首先看原版移植类型，这种类型是将传统报纸的电子版内容全部移植到 iPad 应用中，多见于党报的 iPad 应用，只有少数报纸才采用这种类型，因此它并非报纸 iPad 应用的典型模式。这一类型的 iPad 应用，内容没有任何精选精编，只需将原报纸内容版面放进应用里，要么是直接通过放大原版版面进行相关内容的阅读，要么是通过点击版面内容的相应位置弹出具体内容进行阅读。这种内容构成类型以人民日报 iPad 应用为代表，见图 4—1。它的优点是再现了报纸的原版形态，给予 iPad 用户如同读纸质报纸一样的阅读体验，但它并不符合 iPad 终端的特性，也没有对 iPad 的诸多功能进行充分利用。

图 4—1 人民日报 iPad 应用客户端的页面内容

然后我们再来看内容构成的第二种类型。这种类型是对原版报纸的内容进行重新编辑加工，使其更加符合 iPad 用户的阅读习惯，与此同时还增加了大量能够为 iPad 用户带来更好阅读体验的内容，最典型的就是大量增加高清图片、视频以及互动内容，从而将 iPad 应用打造成多媒体化

第四章　人性化生产：iPad 媒体的独特形态　　67

的新型报纸，如国内的南方周末 iPad 应用（图 4—2）、国外的今日美国 iPad 应用（图 4—3）。这种类型是报纸 iPad 应用中最典型的内容构成模式。大部分报纸的 iPad 应用皆采用这种模式进行内容生产，尤其是在都市报（晚报）等市场化生存的报纸中最为常见。

图 4—2　南方周末 iPad 应用客户端的页面内容

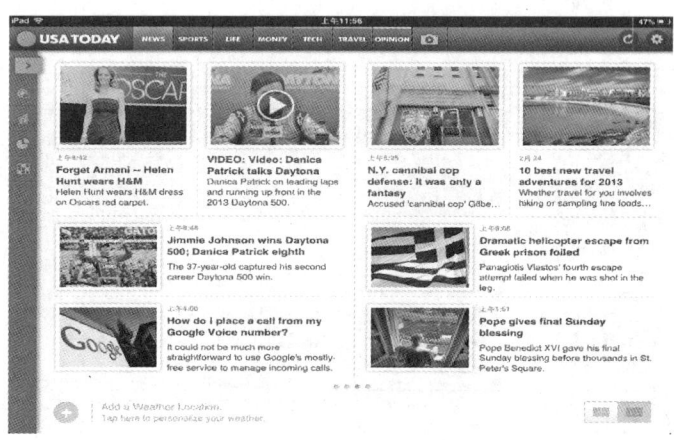

图 4—3　今日美国 iPad 应用客户端的页面内容

报纸 iPad 应用的内容构成之所以形成这两种模式，是因为不同属性的报纸有不同的生存方式，集中体现在报纸不同的市场化程度。党报等市场化程度较低的报纸本身基本没有生存上的压力，所以在 iPad 应用产品的打造上就用力不足，即使 iPad 应用无人问津也不会影响到它们的生存。而都市报（晚报）等市场化程度高的报纸本身面临巨大的生存压力，必须在受众市场中进行争夺，它们只有更好地满足 iPad 用户的信息需求，才能拓展这个受众市场，否则就会遭到 iPad 用户的淘汰，从而失去这个新的发展空间。国外报纸的 iPad 应用客户端在内容上都力求做精做足，正是与它们高度的市场生存方式有关。总的来看，内容构成的第二种模式是主流。在这种模式基础上进行不断完善和创新，将是报纸 iPad 应用的未来发展方向，它会渐趋脱离报纸的某些特征，而转向独立的 iPad 媒体形态。

一个高质量的报纸 iPad 应用，一定会根据 iPad 终端特性与功能进行一种新的内容板块设置，主要进行如下方面的内容设置。

第一，新闻栏目设置。不同的报纸 iPad 应用会基于自身的特点和优势进行不同的栏目设置，一般情况下包括系列新闻栏目、评论栏目、图片栏目、视频栏目等，在不同的栏目下集纳不同性质的内容，以方便 iPad 用户阅读。如宁波日报报业集团的 iPad 应用（宁波播报）就设有本地新闻、国内国际、热点关注、I 拍的（新闻图片）等四个内容板块。新华日报 iPad 应用则设有今日要闻、图片新闻、滚动新闻、视频新闻、江苏动态、文体财经等内容板块，见图 4—4。

图 4—4　新华日报 iPad 应用客户端的页面内容

第二，生活服务内容。为 iPad 用户提供即时性的生活服务信息，如天气预报、生活指数、时尚信息、健康服务等内容。这些内容虽然不是报纸 iPad 应用的主体内容，但是它在新闻内容之外提供这些即时性的动态生活服务资讯，显然满足了 iPad 用户多方面的信息需求，不仅作为新闻信息的最佳展示平台，而且还是 iPad 用户生活上的贴心助手。如南方都市报的 iPad 应用（南都 Daily）在天气服务上就十分特别，它通过自动辨别用户所在的地理位置，在主界面背景中动态呈现模拟天气场景，使 iPad 用户从中获得虚拟的立体视觉体验，见图 4—5。

图 4—5　南都 Daily iPad 应用客户端的主界面背景

第三，互动内容板块。通常设置为评论、收藏、分享、报料、投票、调查等项目。通过这个板块，iPad 用户可以针对有关新闻自由发表评论，可以对感兴趣的内容进行收藏，可以对特定新闻内容通过微博、邮件等方式进行分享，可以向报纸媒体提供新闻线索，同时可以为报纸的表现进行投票，还可以参与报纸开展的民意调查等活动。这些互动内容项目为 iPad 用户开拓了一个崭新的空间，它充分调动了 iPad 用户的主观能动性，也充分体现了对 iPad 用户主体价值的极大尊重，见图 4—6。

第四，报纸电子版阅读。主要提供最近几日的报纸电子版内容在线阅读或下载。尤其是电子版报纸下载功能是一项非常人性化的设置，因为中

图 4—6 宁波播报 iPad 应用客户端的页面内容

国当前的无线网络尚不发达，且 3G 资费过高，在没有无线网络的情况下，就十分不方便通过 iPad 即时获取信息，而电子版报纸在下载后就可以随时进行离线阅读。因此原版报纸内容的这种设置满足了 iPad 用户特殊情况下的信息需求，见图 4—7。

图 4—7 北京青年报 iPad 应用客户端的页面内容

通过以上分析可见，大多数报纸的 iPad 应用在内容构成上经过了精心设计。它通过重新的独特编排使报纸内容有了新的呈现方式，同时又通过丰富的多媒体内容形态和触觉功能设置，为 iPad 用户提供了更人性化的全媒体信息体验。因此，报纸 iPad 应用客户端在内容构成上形成了完全区别于传统报纸的独特内容形态。

(二) 报纸媒体 iPad 应用的形式设计

报纸媒体 iPad 应用客户端的内容构成已不同于传统印刷报纸及电子版报纸，而在形式设计上更是与传统报纸和电子版报纸有着天壤之别。独特的形式设计与内容构成相配合，共同铸就了报纸 iPad 应用的高端阅读品质。

从报纸 iPad 应用的形式来看，已与传统纸媒形态相差甚远，比同为数字化的电子版报纸形式更加人性化。因为中国的电子版报纸，在表现形式上还是以文字符号为主，其他符号类型使用的较少，内容更是纸媒的完全复制。报纸的 iPad 应用则是专门针对 iPad 终端特性精心打造的多媒体信息产品，它带给 iPad 用户的新闻阅读体验是前所未有的。

第一，全新的版面设计。在报纸 iPad 应用客户端是否遵循传统印刷报纸的版面问题上，存在不同的看法。一种意见认为版面作为报刊的重要形式在网络中遭到肢解，因此实践方向应该是保留报纸版面。[1] 另一方则认为传统报纸的版式已经不符合网络时代受众的阅读习惯，应予摒弃。

本书从媒介进化论的视角来看待报纸版面变迁，认为这是一个自然的变化过程，媒介的演进是基于人的信息需求变化，也包括信息接触习惯和特征的变化。iPad 用户的信息使用已不同以往，iPad 本身的特性和功能则能使报纸拥有更精美的版式。报纸的转型应当立足于 iPad 这一新兴媒介本身。

从主流的报纸类 iPad 应用的版面来看，它既吸收了印刷报纸"栏目"的编排方式，又结合了传统网页"分栏"的编排特征："横三竖二"的版面形态成为报纸应用典型的编排模式。横版为三栏式（见图 4—8），左栏和右栏较窄，中间栏较宽；纵版则为二栏式（见图 4—9），左栏较窄，右栏较宽。栏中则以小图、标题和摘要混排，通过滚屏功能实现个性化选择。因此，报纸的 iPad 应用经过人性化、精细化的栏目设置，用户可以更精确地自由选择信息，从被动接收信息转向主动寻求信息，从群体化信息接收转向个性化信息接收。[2] 这种全新的视觉版面设计与 iPad 高分辨率

---

[1] 彭兰：《iPad 传播：新空间与新模式》，《对外传播》2011 年第 2 期。
[2] 石长顺、景义新：《中国报业的 iPad 生存》，《现代传播》（中国传媒大学学报）2012 年第 5 期。

屏幕相得益彰，既最大限度地满足了人的感官审美，又给予用户更人性化的阅读体验。

图 4—8　文汇报 iPad 应用客户端的横版版面

图 4—9　文汇报 iPad 应用客户端的纵版版面

第四章　人性化生产：iPad 媒体的独特形态　73

　　第二，新闻报道的多媒体形式。报纸 iPad 应用的开发商紧紧抓住 iPad 强大的媒体展现功能，纷纷采用多媒体化的新闻报道形态，以求通过这种立体化的传播带给 iPad 用户超越以往阅读情形的崭新体验。传统报纸的新闻报道曾经从"文字"时代转向"图片"时代，如今又从"图片"时代迅速转变为"视频"时代，视频新闻成为报纸 iPad 应用中的重要元素。这样，iPad 用户就实现了读报（图文）、听报（音频）、看报（视频），以及说报（互动）、查报（链接）和录报（下载）等功能的一体化，这对于印刷报纸和电子版报纸而言是不可想象的。通过报纸 iPad 应用客户端，用户只需在屏幕上轻触或滑动，就能打开阅读和快速翻页，还可以调节文字显示尺寸，更可随意放大高清图片和视频得以完美视觉体验。①

　　新民晚报 iPad 应用客户端就实现了多媒体化的信息重组和立体呈现（见图4—10），它会精心考量一则新闻中的图片素材、文字素材和视频素材的内容及特点，然后遵循全媒体的制作模式进行素材编辑，精选新闻图片、精剪新闻视频、精编文字内容，在制作的过程中更是强调三种新闻素材间的完美搭配和组装。其应用客户端既彰显了《新民晚报》实施全媒体新闻的战略走向，又符合 iPad 用户的阅读习性，堪称报纸类 iPad 应用的上乘之作，值得其他 iPad 新闻应用学习和借鉴。

图4—10　新民晚报 iPad 应用客户端的多媒体报道

---

① 石长顺、景义新：《中国报业的 iPad 生存》，《现代传播》（中国传媒大学学报）2012 年第 5 期。

解放报业 iPad 应用客户端设置的一个《新新闻》栏目，则使用一个绚丽高清地球上跳动着的时钟，在其周围进行整点的图文新闻滚动播报，这种新颖的报道模式颇具创新价值，见图 4—11。

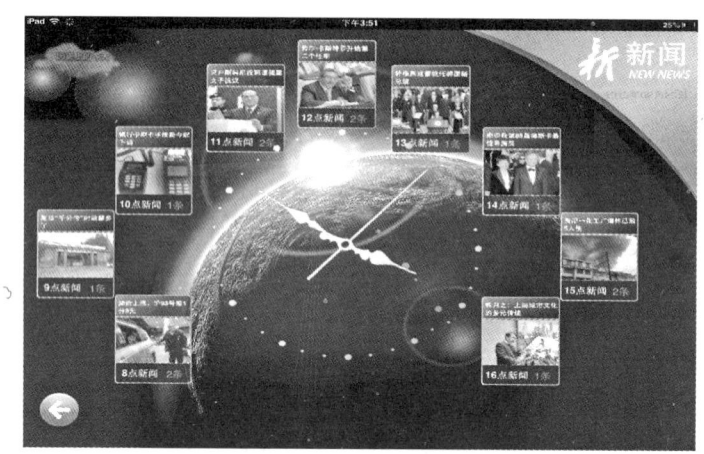

图 4—11 解放报业 iPad 应用客户端的《新新闻》栏目

《日报》iPad 应用客户端用 360°的全景立体高清大图自动旋转的方式，动态呈现了整个编辑部的全体人员和工作场景，所带来的视觉效果相当震撼，不失为一种独特的报道形态，见图 4—12。

图 4—12 The Daily iPad 应用的全景图片截图

第三，丰富的交互功能设计。报纸 iPad 应用客户端的互动性，使其大大拉近了报纸与读者的距离，这也是它立足于移动互联网形成的一个重要形式特征。诸多报纸的 iPad 应用都纷纷采用评论、微博、反馈、投票等各种互动模式，以实现移动情境下的交互式信息传播。

新京报 iPad 应用客户端设置了"联系编辑部"和"分享给朋友"的特色功能。其中"联系编辑部"是 iPad 用户反馈意见和信息的便捷通道，"分享给朋友"则是分享通道，见图 4—13。

图 4—13 新京报 iPad 应用客户端的反馈与分享功能

北京晨报 iPad 应用客户端设置的社交化的新闻分享方式十分齐全，新浪微博、腾讯微博、人人网等各种新闻分享尽在其中，见图 4—14。

广州日报 iPad 应用客户端设置了报料互动功能和访问"大洋微博"功能。iPad 用户可以通过其客户端首页的"我要报料"向《广州日报》提供新闻线索或展开其他互动，而自主开发的"大洋微博"更成为《广州日报》的一个重要的互动社交平台，见图 4—15。

文汇报 iPad 应用客户端设置了用户参与投票功能。iPad 用户可以通过应用客户端首页的"文汇报·投票"进入该应用的投票栏目，可以参与到相关调查或政策投票，见图 4—16。

iPad 应用客户端的这些多元的交互功能设置，使得 iPad 用户既是信

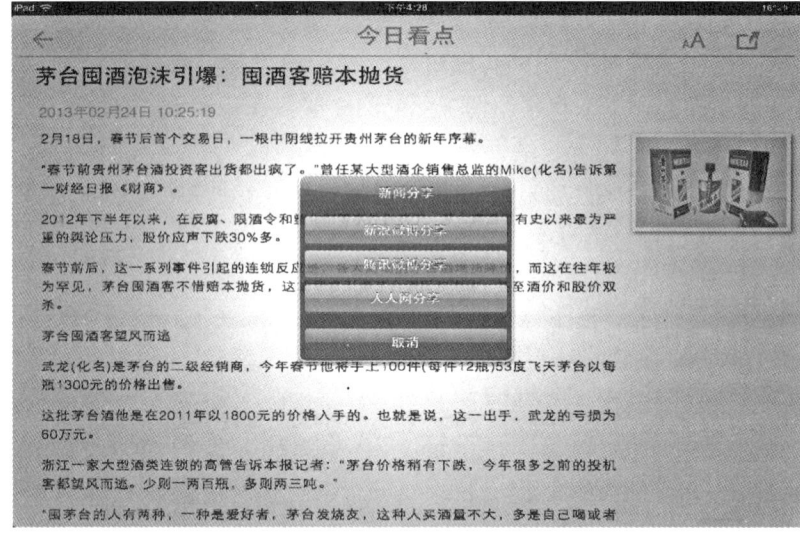

图 4—14　北京晨报 iPad 应用客户端的多种分享方式

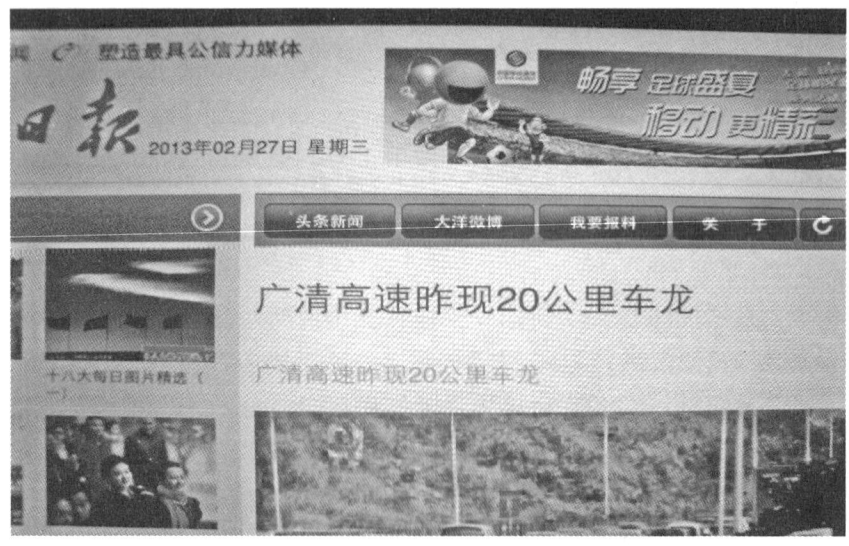

图 4—15　广州日报 iPad 应用客户端的微博与报料功能

息的接收者,同时也是信息的传播者,这本身就是对传统纸媒传播方式的一种颠覆,也为广大 iPad 用户带来了一种前所未有的新式阅读体验。

第四章 人性化生产：iPad 媒体的独特形态　　77

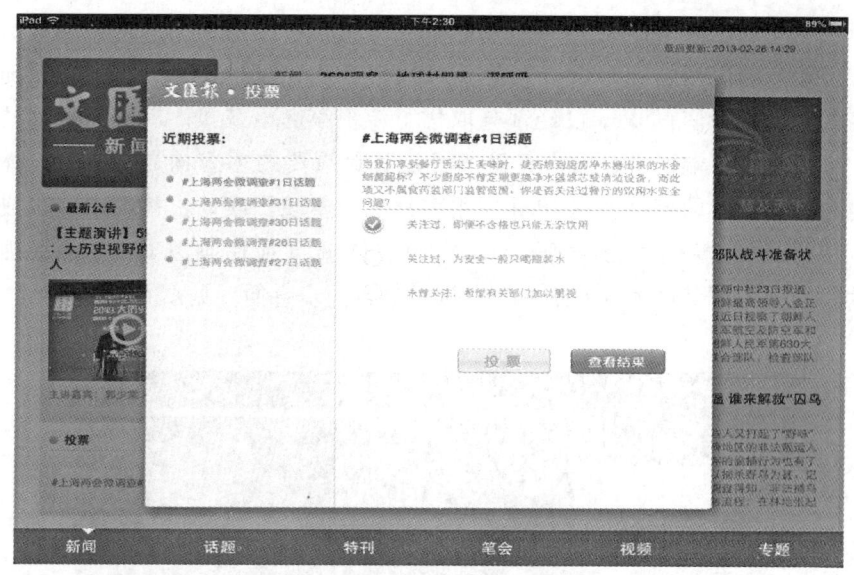

图 4—16　文汇报 iPad 应用客户端的用户投票功能

二　广播电视 iPad 应用的内容构成与形式设计

（一）广播电视 iPad 应用的内容构成

广播电视 iPad 应用客户端的内容构成依托母台，拥有巨大的节目容量和播出能力。它们在提供广播电视台同步直播的节目内容外，还将广播电视台的往期节目提供给 iPad 用户点播收听和收看，CCTV 等 iPad 应用更是充分调用自己的节目库资源提供海量的节目内容。与此同时，广播电视 iPad 应用对节目内容进行了类型化的重新整合，以方便 iPad 用户依据个人偏好进行节目内容的选择，因此，页面内容的整合情况也成为其内容构成的重要组成部分。以下即对内容构成的各个方面进行详细解读。

第一，广播电视的同步直播节目。电视媒体 iPad 应用客户端的大量出现，使得 iPad 成为一个名副其实的新型"电视屏幕"，而且这个"电视屏幕"比传统电视屏幕要强大得多。这个"电视屏幕"提供了电视台所有频道节目的同步直播，而且全球的任何地方只要有无线网络，就可以进行直播节目的收看，从而大大突破了地域的限制。例如成都广播电视台开发的 iPad 应用客户端就为出差在外的用户和关心成都的外地用户提供了节目收看的良好平台。笔者在成都广播电视台调研时，iPad 应用客户端的负责人告知，在 2012 年的全国两会召开期间，四川和成都的代表团成员们就是通过其 iPad 应用客户端收看成都电视台的两会报道的。就目前 iPad 用户的使用情况来看，大量 iPad 用户喜欢在家中使用，iPad 轻便随身的移动特征使得 iPad 已经部分取代了传统家庭电视机。就广播媒体的 iPad 应用客户端而言，同步直播节目是其最重要的内容构成部分，广播电台各个频率的节目皆在 iPad 应用客户端中实现了实时广播，iPad 也成为广播听众的新型"随身听"，而电视媒体 iPad 应用则以 CCTV 最为强大，充分调用其庞大的频道和节目资源进行同步直播，见图 4—17。

图 4—17　CCTV iPad 应用客户端的节目同步直播

第二，广播电视的往期节目点播。广播电台的 iPad 应用是以直播节目为主体内容的应用，在回放近期节目内容上做得较少，除了青岛广播电台 iPad 应用提供昨日广播节目的回放（见图 4—18），其他广播电台应用基本上都没有提供往期节目，因此，对于广播电台 iPad 应用而言，实时广播是主要功能。电视媒体的 iPad 应用则大不相同，当日直播与往日点播皆得到了充分表现。广播与电视在 iPad 应用上的这个明显区别，原因主要是两个方面：一个原因是广播电台确实不如电视台在 iPad 应用开发上更为重视，另一个原因是广播和电视不同的传播符号使然，广播音频利用声音符号进行线性传播，是相对抽象的，而电视视频利用声画结合的立体符号，是具体的，广播内容显然不如电视内容对 iPad 用户更有吸引力，它只会在特殊场合发挥特定的功用。在电视往期节目的点播方面，CCTV

的 iPad 应用最为强大，它充分利用自身庞大的节目库资源，为 iPad 用户提供了充足的往期节目源，不仅提供近期节目回放，一些重要栏目甚至可以收看半年以上的往期节目。成都电视台也将自己半个月内的往期节目提供给用户收看，并表示以后将通过增加硬盘存储容量等方式在往期节目供应上加大力度。由此可见，节目视频内容兼具信息价值和观赏价值，在往期节目资源利用上是很有优势的。

图 4—18　青岛广播台 iPad 应用客户端的昨天内容点播

第三，广播电视 iPad 应用的页面内容构成。总体而言，广播电台的 iPad 应用客户端的页面内容构成较为简单，一般仅包括广播频率列表、节目单列表和播放控制栏等方面内容。电视台的 iPad 应用客户端的页面内容构成则较为复杂，一般都包括了导航栏、频道直播栏、节目点播栏、订阅栏、搜索栏等项内容。其中，导航栏是将本应用客户端所包含的各个方面内容进行类型划分，以方便 iPad 用户迅速查找到自己想要收看的节目内容；频道直播栏则是直接播放本应用所包含的各个电视频道内容，并辅以频道节目单列表和播放器控制栏；节目点播栏则是将各个频道栏目若干往期节目按日期由近及远顺序排列，一般由画面截图、文字说明、日期等简明信息构成，以方便用户查看，见图 4—19；订阅栏则是针对不同用户偏好而设置的一项特殊内容栏，用户可以自主订阅频道和栏目，而将自己不需要的摒除在外，使得用户的内容管理极为方便；搜索栏则是针对本应用中的所有节目内容进行快速检索，在海量的节目资源中迅速找到目标视频，见图4—20。这些都使得 iPad 用户的收视行为更加人性化和便捷化。

图 4—19　凤凰移动台 iPad 应用客户端的往期节目点播

图 4—20　CCTV iPad 应用客户端的"栏目"页面

（二）广播电视 iPad 应用的形式设计

广播电视 iPad 应用在形式设计上十分讲究，充分与 iPad 应用的内容构成相配合。在形式设计上，广播电视 iPad 应用形成了多样化的页面形式设计，设置了灵活的节目收听（收看）形式，同时也进行了用户互动功能的设计。

首先，广播电视 iPad 应用多样化的页面形式设计。在页面形式上，不同的广播电视应用采用了不同的设计方式，总结起来主要有单页面形式、多页面复杂设计、单页面多频道设计、单页面单频道设计、多媒体页面风格等，这些页面形式设计各有所长，各具风格，多样化的形式为 iPad 用户带来了丰富的视听体验。

广播电视 iPad 应用的单页面形式，即整个应用的所有内容全部容纳于一个页面，这种形式的优点就是简洁明了、视觉清晰、方便易用。北京广播电台 iPad 应用客户端就采用了单页面形式，该页面形式一共包含三个板块，左面窄型板块是北京广播电台所有频率的列表，右面宽型板块是具体频率的所有播出节目的列表，下方长条式板块则是播放控件，实现节目的播放、暂停、声音调节等功能，见图 4—21。

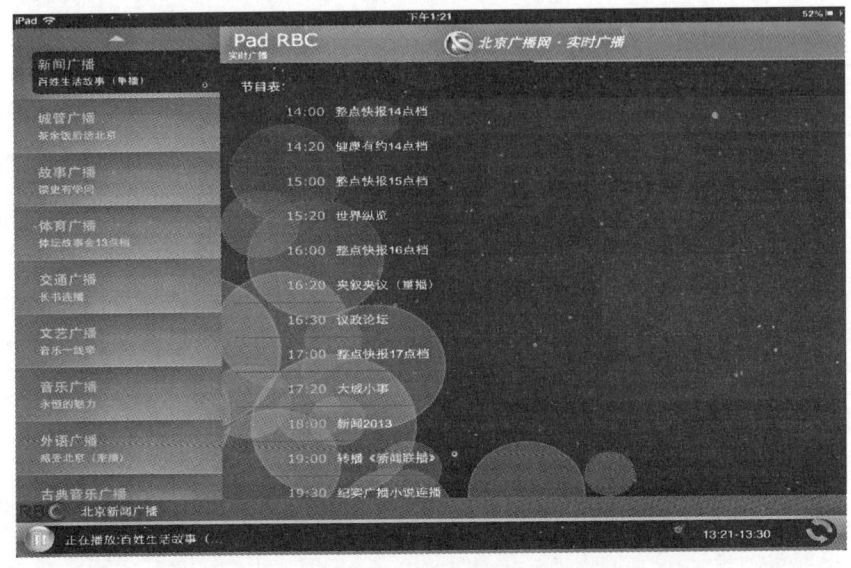

图 4—21　北京广播电台 iPad 应用客户端的单页面形式

广播电视 iPad 应用的多页面复杂设计,是在内容十分庞杂的情况下,对内容进行重新整合划分,采取的多页面分别呈现的方式。这种形式以中央电视台的 iPad 应用客户端为代表。CCTV iPad 应用客户端的首页页面以图文结合的方式将精彩栏目加以排列,同时滚动呈现重大报道信息或节目预告板块。首页页面之外,还精心设置了新闻页面、直播页面、栏目页面、剧场页面、搜索页面等,这种多页面复杂设计使得 iPad 用户对节目内容能够进行高效选择和收看,见图 4—22。

图 4—22　CCTV iPad 应用客户端的多页面复杂设计

电视台 iPad 应用的单页面多频道设计,是将多个频道放于一个页面之内进行有机的排列组合。成都电视台 iPad 应用客户端采用的单页面多频道设计中,大致将页面分为四个操控区域,其中最核心的区域就是视频播放窗口区域,它占了整个页面的绝大部分空间。在其上方是频道选择区域,列出成都电视台的所有频道。在其下方则是节目列表和日期选择两个区域,可以进行当天节目的选择播放和往期节目的查询播放,见图 4—23。

电视台 iPad 应用的单页面单频道设计,是一个应用仅有一个页面,呈现的也是单独的一个频道,诸如 CCTV 5、CNC 中文台等皆采用这种形式。CNC 中文台 iPad 应用客户端的页面设计十分简洁,左侧是对 CNC 的简介和联系方式区域,右侧是应用的主体区域,包括了播放窗口、节目列

第四章 人性化生产:iPad 媒体的独特形态　83

图 4—23　成都电视台 iPad 应用客户端的单页面多频道设计

表及日期选择,操作起来十分方便,见图 4—24。

图 4—24　CNC 中文台 iPad 应用客户端的单页面单频道设计

多媒体页面设计多见于国外电视台 iPad 应用客户端,如英国的 BBC、美国的 ABC 等电视台。图 4—25 展现了 BBC iPad 应用客户端的多媒体页面风格，其整个页面平均分为两半，左侧是图标板块组合，将各个节目以"图片+文字"的样式密集排列，右侧是具体的报道信息，包含了标题、视频和文字报道，使得节目信息量大增。因此，它非常鲜明地体现出了多媒体特征，打造了区别于国内电视台 iPad 应用的典型欧美风格。从观众的视觉效果来看，这种多媒体风格更有利于用户的节目选择和收看，值得国内 iPad 应用学习和借鉴。

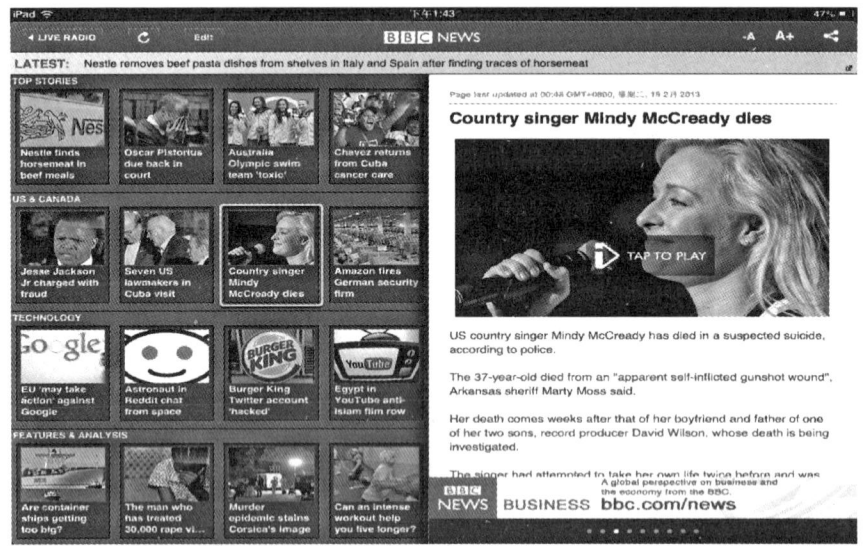

图 4—25　BBC iPad 应用客户端的多媒体页面设计

　　第二，广播电视 iPad 应用的节目收听（收看）形式。就广播电台的节目收听方式而言，相对较为简单，因为它只利用单纯的声音模式，只需轻触页面上的对应位置来选择喜欢的频率和节目，就会进行自动播放。同时，广播电台 iPad 应用都支持隐藏页面播放形式，就是用户可以将广播应用的页面关掉，在使用其他应用的同时依然可以收听到广播节目，充分利用了广播的"伴随性"特征。而电视台的 iPad 应用的收看方式就有了比较多的设置。在打开电视 iPad 应用的首页中，完整显示了频道、节目等内容，播放窗口就呈现为缩放窗口模式进行视频播放（见图 4—26）。轻触播放窗口就会自动弹出播放控件，可以进行"快退播放"、"快进播放"、"暂停播放"、"声音调节"、"全屏播放"等操作，而当转为"全屏

第四章 人性化生产：iPad 媒体的独特形态 　85

播放"模式后，播放控件就会自动隐藏，用户就可以充分享受 iPad "移动大屏幕"带来的视觉体验了（见图 4—27）。如果再轻触屏幕，播放控件自动弹出以供用户进行随心调整播放状态。因此，从广播电视 iPad 应用的节目收听（收看）形式来看，也不失为一种人性化的视听体验。

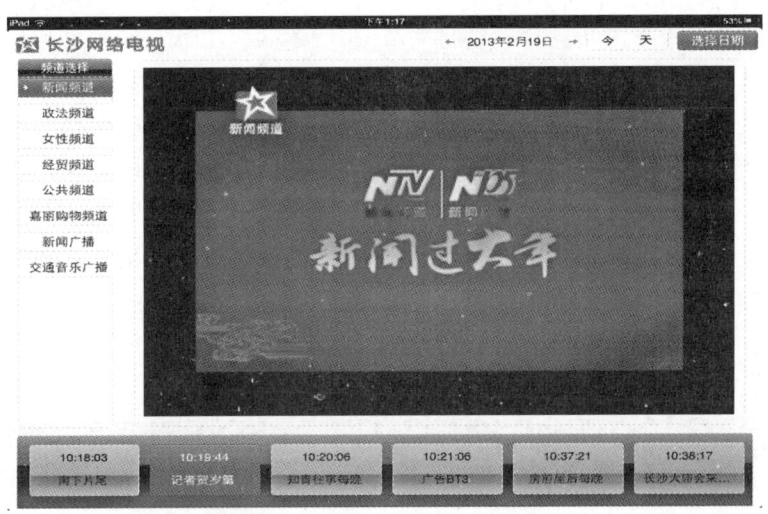

图 4—26　长沙电视台 iPad 应用客户端的缩放窗口模式

图 4—27　凤凰移动台 iPad 应用客户端的全屏播放模式

第三，广播电视 iPad 应用的互动功能设计。在这方面，广播电视 iPad 应用不如报纸 iPad 应用做得更为普遍和多样化。就一般而言，广播电视 iPad 应用多采取分享和反馈两种互动方式。国内广播电视 iPad 应用普遍采用的分享方式是新浪微博、腾讯微博和人人网等社交化的分享，国外广播电视 iPad 应用一般在 Twitter、Facebook 等微博分享外还非常重视利用 E-mail（邮件）进行视频分享，见图 4—28。广播电视 iPad 应用都非常重视 iPad 用户的反馈信息，大部分都提供了反馈功能。此外，有些广播电视 iPad 应用还增加了账号注册的方式，以加强与 iPad 用户的互动关系。例如 CCTV5 iPad 应用客户端采用"CNTV 通行证"的方式，就可以将信息上传云端实现多终端同步，同时可以绑定社交账号以便于分享有关内容和评论。这种方式既有利于 iPad 用户进行快捷式分享和互动，同时也有利于该电视机构更好地掌握 iPad 用户的相关信息，见图 4—29。这种模式值得其他广播电视 iPad 应用的学习和借鉴。

图 4—28　美国 ABC iPad 应用客户端的互动功能设计

三　网络媒体 iPad 应用的内容构成与形式设计

这里所述及的网络媒体范畴包括传统互联网站和新兴社交媒体，这两种网络媒体在 iPad 诞生之后纷纷开发了 iPad 应用客户端产品。由于社交媒体类应用的总体设计与其在传统网络中的呈现模式变化不大，而且社交

第四章 人性化生产:iPad 媒体的独特形态　　87

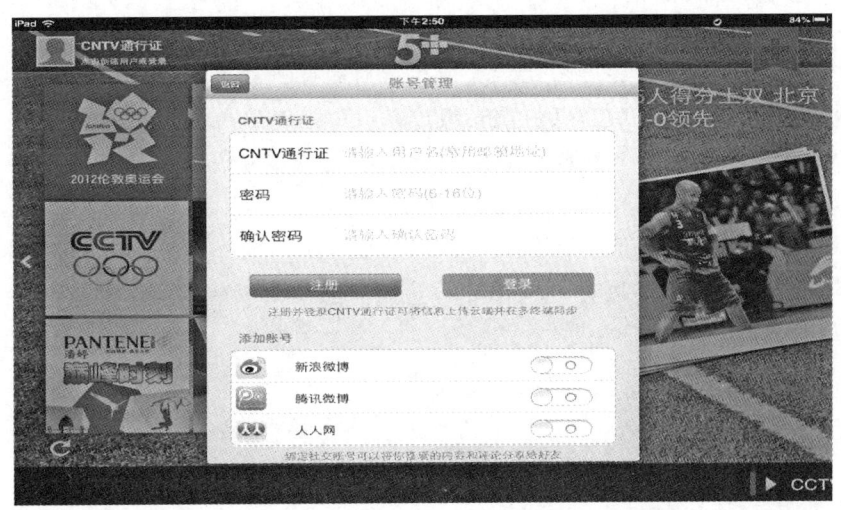

图 4—29　CCTV5 iPad 应用客户端的互动功能设计

媒体本身包含的内容比较庞杂,远超新闻范围,固在此不做讨论。重点讨论一些典型的新闻网站和门户网站开发的新闻类 iPad 应用。它们在内容构成和形式设计上均产生了显著的变化,新闻网站 iPad 应用主要有人民网、新民网、中新网、凤凰新闻等,门户网站 iPad 应用主要有网易新闻、新浪新闻、搜狐新闻等。对于 iPad 用户而言,这些应用客户端提供了一种更人性化的网络新闻获取方式。

(一)网络媒体 iPad 应用的内容构成

网络媒体相对于传统媒体,其 iPad 应用客户端充分发挥了自身的海量内容优势,更重要的是能将这些海量的信息资源进行重新整理,使得内容杂而不乱,从而非常便捷地满足 iPad 用户的信息需求。

在内容构成上,网络媒体 iPad 应用客户端整合了自身的优势内容资源,它主要集合了几个方面的信息源:第一个方面,是网络媒体独立制作的内容,如新民网就拥有几十位全媒体记者专门负责采制视频和文字新闻、门户网站拥有强大的独立内容制作团队;第二个方面,是通过购买或合作方式从其他媒体获得大量新闻信息,如从新华社、报纸、电视等传统媒体以及其他的网络媒体中选择信息并加以编辑改造;第三个方面,是聚合了各种微博、博客等社交媒体的内容,如新民网主要聚合了自身旗下的品牌微博"上海滩微博"的新闻内容、新浪新闻则聚合了自身旗下的

"新浪微博"的新闻内容。此外,网络媒体也非常重视互动性的内容,如诸多网络媒体 iPad 客户端充分重视用户对新闻内容的评论和跟帖,它们也成为 iPad 用户获取信息的重要组成部分,通过这些互动性内容可以让 iPad 用户的视野更为开阔,从中获得对新闻信息的多角度解读和评判,见图 4—30。

图 4—30　网易新闻 iPad 应用客户端的新闻跟帖内容

网络媒体 iPad 应用客户端为了将海量的内容进行有效聚合,同时以最便捷的方式呈现给 iPad 用户,往往将这些内容进行了种类繁多的栏目详细划分。这些栏目已经与传统网站上的栏目呈现方式完全不同,传统网站上的栏目一般靠"导航栏陈列栏目名称"或"板块内栏目名称加文章标题列表"的栏目模式,而在 iPad 应用中则充分利用 iPad 的高清显示屏和多点触控的优势,将栏目内容进行视觉化处理,使得栏目内容能够更便捷地供用户选择和阅读。栏目内容种类几近齐全,一般包括头条、时政、国内、国际、财经、社会、科技、娱乐、体育等,很多应用更是将图片新闻、视频新闻列为单独栏目,凸显多媒体化的新闻特征,见图 4—31。有的网络媒体 iPad 应用还提供了个性化的栏目内容定制,用户可以根据个人需要进行更多个性化栏目的选择,见图 4—32。

第四章 人性化生产：iPad 媒体的独特形态 89

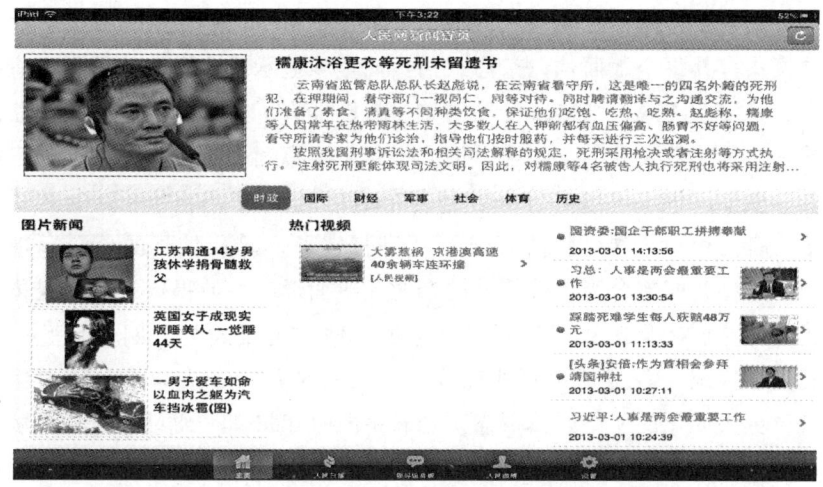

图 4—31 人民网 iPad 应用客户端的首页内容构成

图 4—32 凤凰新闻 iPad 应用客户端的首页内容构成

（二）网络媒体 iPad 应用的形式设计

网络媒体 iPad 应用客户端已经不同于传统互联网站，在形式设计上有独特之处，同时与传统媒体 iPad 应用客户端相比，也存在形式上的独特之处。它进行了独特的杂志化版面设计，普遍重视全媒体化的报道方式，着力打造全方位的互动形式。

首先，独特的杂志化版面设计。网络媒体 iPad 应用多采用杂志化的编排模式，其每个版面均以杂志式的页面全屏显示，这样就使得页面看起来更加整洁、美观，与传统互联网站比较已经有了天壤之别。传统互联网站的版面是比较杂乱的，包含了诸多栏目、文章列表、大小图片、弹出式广告、横幅广告、视频广告等各种复杂的信息，以"碎片化"的方式呈现给互联网用户。网络媒体 iPad 应用则打破了"碎片化"的信息呈现方式，而是将新闻聚合为十分简洁的杂志化版面形态，使得传统网络媒体的阅读界面更加优化，从而为用户打造了一种"沉浸式"的阅读体验，这无疑是对传统互联网"快餐式阅读"的反拨和纠偏，成为一种更关注人本身也更人性化的网络媒体形态。如新民网的 iPad 客户端就经过精心的形式设计，它采用图文结合、板块布局的模式，将各个栏目内容以视觉化的方式加以呈现，供 iPad 用户根据兴趣进行内容选择和获取新闻，同时还为 iPad 用户提供了个人化的栏目定制，用户可以根据个人需要选择感兴趣的栏目，见图4—33。人们的信息需求实际上并不一致，信息的个性化定制是未来信息传播一个总体趋向，它更能满足不同个体的信息需求。

图4—33 新民网 iPad 应用客户端的杂志化版面

其次，全媒体化的报道方式。传统互联网站以海量的多媒体信息资源优势著称，这一优势继续在移动互联网得以彰显和强化，iPad 作为当前

第四章 人性化生产:iPad 媒体的独特形态　91

最高端的移动互联网终端媒介,正成为网络媒体全力推进全媒体报道的良好平台。在诸多网络媒体的 iPad 应用客户端里,单独使用文字报道信息已经比较鲜见,更多的新闻信息倾向于使用全媒体的呈现方式。通过这种方式,iPad 用户是通过文字来了解情况、通过图片来查看细节、通过视频来获知过程,这是一种全方位接受信息的新型模式,全媒体新闻传播样态就此形成。而新民网的典型报道方式则更是几近"融合新闻"的模式,它以文字报道事件详情,以图片显示视觉特写,以视频展现动态过程,靠着旗下高水平的全媒体采编团队为网络媒体新闻报道树立了很好的榜样,见图4—34。从 iPad 媒体带来的改变而言,iPad 媒体实际上既改变了新闻媒体的内容生产模式,也改变了用户对新闻信息的获取状态。

图 4—34　新民网 iPad 应用客户端的融合新闻报道

最后,全方位的互动形式。从网络媒体与传统媒体的 iPad 应用客户端比较来看,网络媒体 iPad 应用客户端在互动模式的设计上更为全面。大体上,这些互动模式包括了评论、跟帖、转发、收藏、搜索、反馈、调查、推送、位置信息等全方位的互动。在互动模式的打造上,以网易新闻 iPad 应用客户端为佳代表。网易新闻仅在分享模式上,就为 iPad 用户提供了新浪微博、网易微博、腾讯微博、人人网、E-mail、iMessage 等六种方式,为不同使用偏好和习惯的 iPad 用户提供了多样化的选择,见图 4—35。

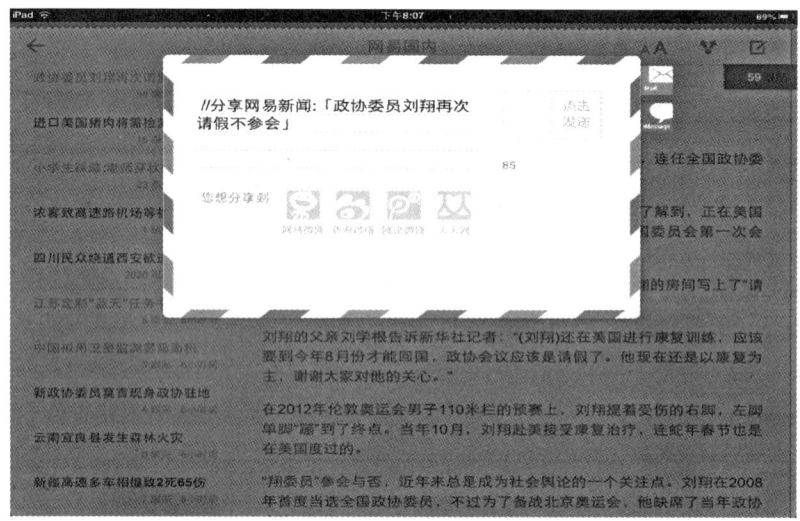

图 4—35　网易新闻 iPad 应用客户端的多种分享方式

同时,网易新闻 iPad 应用(见图 4—36)以其优异的制作团队保证了重要信息的即时推送,凡是用户关心的一切重要新闻信息,随时就会推送到用户 iPad 上提醒用户查收,一般采取的是在 iPad 屏幕顶端以滚动文字模块方式呈现,iPad 用户只需点击该模块就会自动进入应用客户端,进而直接获取相关信息,这无疑增进了 iPad 用户对该应用的"黏性"。从用户下载量排名居于前列的新闻类应用来看,多数都在信息推送上做的比较成功。此外,位置信息也在网络媒体 iPad 应用中得到了一定程度的运用。与 iPad 用户当前位置有关的信息可以通过这项服务一目了然地呈现给用户,虽然目前多是提供天气预报等简单信息服务,但它毫无疑问也构成了未来新闻类应用的一个发展趋势。

第三节　iPad 媒体的生产运营

全球范围内的新闻媒体纷纷涌向 iPad,所开发的 iPad 应用具有了比以往任何媒体都更加人性化的传播形态,在内容构成和形式设计上皆体现出 iPad 媒体的优越性与独特性。那么,这种人性化的媒体应用产品是如

第四章 人性化生产:iPad 媒体的独特形态　93

图 4—36　网易新闻 iPad 应用客户端的推送、反馈等互动设置

何生产出来并保持生命力的呢？这就需要我们详细了解 iPad 媒体的生产运营状况。以下将从 iPad 媒体的应用开发、iPad 媒体的内容生产和 iPad 媒体的经营模式等三个方面对此进行详细解析，三者是互相依赖、紧密相连的统一整体，iPad 媒体的应用开发是前提，iPad 媒体的内容生产是关键，iPad 媒体的经营模式是保障。

一　iPad 媒体的应用开发

（一）媒体类 iPad 应用客户端的开发环境

iPad 媒体以 iPad 应用客户端的形式存在，它依托于 iPad 而生。iPad 作为最新的高科技媒介产品，基于此平台开发的媒体应用客户端从诞生之初就具有"强技术性"的天然特征，同时它又是专门为 iPad 用户提供高品质信息的内容产品，这就必然要遵循信息内容的传播规律。因此，媒体类 iPad 应用客户端的开发，涉及"应用创意和竞争力分析""目标受众的确定""内容与形式的考量""知识产权的遵循与保护""销售潜力的评估"等诸多方面事项，并非轻易就能做到成功的应用开发。[①] 观察比较成

[①] ［美］伍德布·里奇：《苹果应用开发与营销》，赵俐译，人民邮电出版社 2012 年版，第 2 页。

功的媒体类 iPad 应用客户端，基本上都非常重视以上这些方面的应用开发工作。唯有如此，开发出来的媒体产品才能适应"APP（应用）"这样独特的媒体生态环境。

面对 APP 环境，广东南都全媒体网络科技有限公司首席技术官林肇生认为，APP（应用）不同于以往的媒体产品，任何一个 APP（应用）都是在 APP 构成的生态系统中生存的个体，它必须面对 APP（应用）生存环境中同类应用和不同类应用之间的激烈竞争。开发任何一个 APP（应用）产品，都要从单个 APP（应用）的用户情况（受众面）去考虑和设计，最基本的目标是让它能够存活下来。对于广大媒体类应用产品而言，目前大多数还不能直接盈利（盈利是下一步要考虑的因素），能够存活下来是最起码的一个指标，就是在同类产品中拥有一定的市场份额，即在广大 iPad 用户中占有一席之地。在这个独特的媒体生态圈，iPad 用户群成为媒体类应用产品的环境，只有适应 iPad 用户使用习惯和满足 iPad 用户信息需求的应用产品才能生存下来，遵循着"适者生存"的自然规律。

对于媒体类 iPad 应用的开发主体，已经不仅限于媒体机构，尤其是海外已经模糊了传统媒体与科技公司的界限，一些科技公司同时也是媒体公司，在媒体运营方面甚至已经做得很好。受众尤其是年轻受众对于科技公司是否与媒体机构相关并不介意，他们在意的是能否通过这个应用客户端用他们喜欢的方式获取所需要的信息。无论是媒体机构或是其他公司，无论是专业开发机构还是个人爱好者，都可以在遵守基本规定的前提下发布 iPad 应用客户端，只要所开发的应用能获得一定规模 iPad 用户的认可，它就能够生存下来。因此，在苹果 APP Store 中，媒体类应用客户端的开发环境完全是开放式的。

（二）媒体类 iPad 应用客户端的开发要项

媒体类 iPad 应用客户端的开发，需要注意如下要点。

第一，要树立正确的应用开发观念，这是应用开发的首要问题。即要开发的 iPad 应用客户端是根据 iPad 这一新型媒介终端的特性，在 APP Store 这样的生态环境中打造的一个信息产品，它必须符合这个平台的特征，符合这个生态圈的游戏规则。例如，"南都 Daily"，南都全媒体网络科技有限公司首席技术官林肇生认为，对于《南方都市报》旗下打造的 iPad 应用客户端，就不能总拿全媒体建构或者报业转型这些大帽子往这个个体上套，一个iPad应用客户端不可能也不应该承担这些，它就是一个APP客户端而已。因此，这个iPad应用产品不叫《南方都市报》，而叫"南都Daily"，它不是南都报纸的电子版，iPad上也容不下这样的东西存在，因为根本没有市场。同时也不能做成iPad版的南都网站，这种类型的像网易、腾讯等传统网站已将标题列表式的应用做到了极致，南都在iPad上并不适合此种模式。"南都Daily"的设计思维，就是要打造一本每天更新的新闻类杂志应用，这就是它给自己的定位。而采用这种模式的另外一个就是默多克的新闻集团开发的《日报》应用客户端，但是它在2012年12月关停了。因此，"南都Daily"成为世界上仅有的采取这种模式的报纸类iPad应用。而事实证明，"南都Daily"这个iPad应用客户端十分成功，一直处于中国新闻类iPad应用客户端的前列。这正说明树立正确的应用开发观念的重要性，它不是从传统媒体的思维出发，而是从iPad本身的媒介特性出发。

第二，充分利用苹果公司提供的开发工具。苹果的APP Store中所有的应用客户端程序，都是应用开发商或开发爱好者通过苹果公司提供的开发工具而开发出来的。这些开发工具在专门的开发手册等开发技术资料上予以发布，这些资料都是完全公开的，从网络上就可以搜索到。通过调用这些开发工具就可以实现iPad平台的各种功能，只需应用开发商或开发爱好者充分发挥自身的想象力就行。例如，《日报》应用客户端使用的360°旋转式全景图片进行报道，这个设计上的新意就对受众构成很大吸引力，再如ABC iPad应用客户端曾用地球的形式展示新闻，用户通过手指旋转地球来选取自己感兴趣的全球任意区域，点击就可查看该区域的新闻内容。这些新颖的应用都是应用开发商充分发挥想象力的结果，而他们所使用的开发工具并没有跨越苹果公司提供的范围。

第三，要充分重视苹果公司的应用审核。苹果公司利用自己的封闭式系统，对所有提交到苹果公司的应用客户端程序进行审核，而且必须经过多重的审核，审核周期最快也要一周左右的时间。而苹果公司关于APP应用客户端审核的相关规定包括众多方面，总体而言主要是从技术指标方面、产品品质方面以及各种合法性等方面的审核，当然还有最重要的一条就是不能侵犯苹果公司的利益。其中的合法性审核，既包括需要符合美国的法律，也包括符合应用开发商所在地的法律，而技术指标方面甚至具体到字母大小写的规定。一旦苹果公司在应用审核中发现了任何问题，就会被退回修改。即使是通过审核的应用客户端程序，如果后来发现由于审核疏漏存在问题或者是被举报发现存在问题，该应用客户端就会立刻被撤下苹果 APP Store。因此，对于 iPad 应用客户端而言，它不仅是内容产品，同时也是技术产品。如果说传统媒体是以"采编"为龙头，那么互联网领域包括移动互联网领域就是以"技术"为龙头，它是 iPad 应用客户端存在的前提。

第四，保证应用客户端的日常管理和更新。一个 iPad 应用客户端要想在 APP 这个生态环境长期生存下去，就必须保证应用客户端日常的技术更新，一方面要随时修补 iPad 应用客户端存在的漏洞和问题，另一方面要随时根据苹果系统的更新而不断提供新的功能或使用体验。比如微博是当前普及性的社交媒体，如果开发的 iPad 应用缺失了微博分享功能，恐怕将失去大量的用户，甚至根本不可能打开受众市场。而且，一旦 iPad 应用停止了版本更新，就意味着用户关注度会急剧下降。因为在移动互联网领域，一切都在飞速变化和更新之中，新的东西不断出现，如果不加以改变和吸收新的东西，这个应用客户端本身就会落伍，从而遭到用户的淘汰。因此，应当像保姆一样去照看自己的 iPad 应用客户端。

（三）媒体类 iPad 应用客户端的开发模式

对于一个媒体类 iPad 应用客户端而言，它的开发可谓一项系统工程，需要多方力量有效配合共同参与到应用开发中来，如开发资金的配备、开发人员的到位、编辑部与开发人员的磨合，等等。从目前来看，全世界范围内的媒体类 iPad 应用客户端的开发模式无外乎两种：一种是"委托外包"模式；另一种是"自主研发"模式。

首先就技术研发主体而言，iPad 应用客户端一般都有较高的技术标准要求，尤其要打造一份真正符合 iPad 用户阅读体验的人性化应用，更要在技术研发上精益求精。而 iPad 应用客户端的技术研发需要专业的团队来设计，技术团队在设计各项模块及指标时还必须充分考虑 iPad 应用客户端的理念定位、内容形式及板块设置等方面情况，并且与之紧密结合。因此，iPad 应用客户端的技术研发往往需要技术团队与内容制作主体展开深度交流与磨合。这种技术研发主体属于"为他人做嫁衣"，只有为媒体"量身定做"应用客户端，才能以最好的方式呈现给 iPad 用户。所以，iPad 应用客户端需要强大的后台技术支撑，而采取哪种技术开发模式则是由自身的技术力量决定的。

美国密苏里大学新闻学院迈克尔·麦金教授分析美国比较好的媒体应用,认为既有媒体自己研发的,也有委托技术公司进行外包开发的。前者如《纽约时报》,它拥有庞大的技术研发团队,而自己的研发团队做自己的应用程序,本来对自己的媒体了解就更深刻,加上与编辑部的磨合也更顺畅,就容易开发出更好的应用设计,从而更好地实现应用所要达到的功能和目标。后者如美国国家公共广播电台,它的应用是由跟自己有紧密合作关系的公司进行开发的。这个外包公司并不是纯粹的技术公司,而是懂新闻制作和广播节目运作的公司,因此这种紧密合作有利于研发出所需要的应用程序。由此可见,不管哪种开发方式,都是团队合作的产物,尤其是开发团队和编辑团队的磨合很重要。

中国的媒体应用多是委托外包公司研发的。如《文汇报》就是由该报的新媒体部将研发任务完全委托给一家技术公司,与技术公司合作共同策划和设计应用客户端。《文汇报》新媒体部主任李念介绍,新媒体部向开发公司授意其 iPad 应用的内容、意图、创意、功能和框架等方面,技术公司按此设计出 iPad 应用的初级模板,然后由新媒体部检验应用的功能效果是否理想,并再次提出修改建议,技术公司继续改进设计,经过这样的反复沟通和磨合,直至《文汇报》新媒体部确认功能效果达到预期的目标。最后由技术公司将 iPad 应用客户端提交到苹果公司审核,通过审核后就自动加入 APP Store 中供用户下载了。这种模式的优点在于节约了技术成本,一次性支付外包费用即可,省去了养活庞大技术开发团队所需的日常开支。但是弊端也很明显,完全靠外包就不利于应用的及时更新,随之也就不利于提高用户的关注度,难以保证市场效果。这个弊端正好被"自主研发"模式所弥补。

采取"自主研发"模式的媒体多是一些大型媒体,本身有着强大的技术团队。如《新民晚报》就是依靠自己的专业技术团队进行 iPad 应用研发的。它归属于文汇新民联合报业集团下属全资子公司——上海新民网有限公司。新民网有限公司以前做了多年传统互联网,积累了丰富的技术开发经验,现在抓住移动互联网这一转型契机,迅速参与到了 iPad 媒体应用开发的第一波浪潮。由于新民网架构中包括了完备的新闻采编团队和技术开发团队,从而使得 iPad 应用开发中的内部协调合作非常密切,基本达到"无缝对接"的 iPad 应用设计。

综合来看,"委托外包"模式适合那些整体规模较小且应用功能模块简单稳定（不会频繁更新）的媒体，但也必须建立起媒体和技术公司的长期合作和默契关系，这样才能维系媒体应用的生存，本书认为这是非主流的开发模式。从长远来看，还是需要自主研发力量才能保证应用客户端的可持续发展，正如广东南都全媒体网络科技有限公司首席技术官林肇生所言，媒体 iPad 应用客户端需要像保姆一样去照看它，一旦不够勤快或不够用心，应用客户端就会迅速失去受众乃至彻底死掉。对于"强技术性"的 iPad 媒体，应用开发是生存的前提。

二　iPad 媒体的内容生产

iPad 媒体是传统媒体和网络媒体向新型媒介终端 iPad 的延伸，这种延伸是以技术研发为前提的，技术维护和更新是伴随 iPad 媒体始终的，它需要随时根据 iPad 用户的信息需求变化和媒体应用市场的竞争态势进行不断调整和版本升级。在技术开发得到充分保障的前提下，iPad 媒体才能有条不紊地展开生产运作，它涵盖了与以往媒体完全不同的信息生产方式和运作流程。从当前的状况看，虽然同样是立足于 iPad 进行内容生产，但不同类型的媒体应用生产运作方式会略有不同。从未来发展看，媒体类 iPad 应用将会出现不断融合的趋势，不同媒体类型 iPad 应用之间的差别将趋于弥合，其追求的目标是同一的，即充分调动 iPad 的独特功能和特性，打造最适合 iPad 用户获取信息的媒体应用。为了研究和叙述的方便，本书将媒体类型划分为传统报纸、广播电视和网络媒体三个部分，分别探讨其媒体 iPad 应用客户端的内容生产。

（一）传统报纸 iPad 应用的内容生产

对于报纸类 iPad 应用的内容生产，目前全球业界普遍存在着两种生产方式：一个是依托传统报纸的内容进行全新编排，另一个是负责 iPad 应用生产的报社新媒体部门的独立采编团队进行自主信息采制。世界上以完全的独立机构和独立采编力量来运营的报纸类 iPad 应用只有一家，就是默多克的新闻集团所办的《日报》，它从《纽约时报》等多家报纸选调了 100 多名记者编辑组成独立团队，专事《日报》的内容生产。但是这个难得的个案已于 2012 年 12 月关停，为将来的 iPad 媒体发展留下了不少经验和教训。而中国报纸 iPad 应用的内容生产普遍是依托纸媒信息为主，再辅以新媒体部门自主采制的部分内容。这种生产方式的优势在于节约资源和提高效率，它既避免了新闻采写活动造成各种资源的大量消耗，也大大提高了 iPad 应用内容的生产效率。再辅以新媒体部门独立采集的信息内容,这些内容一方面更具有原创性,另一方面通常是多媒体化的信息,为 iPad 用户提供了全新的新闻获取体验,也更符合新兴媒体受众的信息接收方式。

作者对《文汇报》《新民晚报》《南方都市报》等报纸 iPad 应用的生产运营做了实地调查。以下将通过这几个 iPad 应用个案来探讨其内容生产的状况。

首先,我们将《文汇报》和《新民晚报》的 iPad 应用内容生产进行比较分析。两报都是上海文汇新民联合报业集团的旗舰报纸,前者秉承"聚贤汇智、慧及天下"的宗旨,是一份很有社会影响力的高端大报,而后者则着眼于"飞入寻常百姓家",是上海媒体独占受众最多和媒体首选率最高的市民报纸。这两份报纸的 iPad 应用做得都很专业且各有特色,可谓中国众多报纸 iPad 应用的典型代表。虽然二者在属性、定位、内容更新、版面形式、人员状况等方面均有区别,但殊途同归都产生了不错的社会影响,见表4—8。

表4—8　《文汇报》与《新民晚报》的 iPad 应用比较

比较项目 \ iPad 应用	文汇报 iPad 应用	新民晚报 iPad 应用
部门归属	文汇报新媒体部	新民网全资子公司
应用定位	深度高端应用	新闻民生应用
内容更新	更新较慢	更新较快
应用形式	形式较简单	形式较复杂
人员构成	人少而精干	人多细分工

文汇报 iPad 应用的直接负责部门是《文汇报》下设立的新媒体部。新媒体部没有独立的内容采制队伍,其内容来自纸媒《文汇报》的内容范围,新媒体部的几个工作人员主要进行内容的重新编排,以符合 iPad 应用的内容需求。《文汇报》新媒体部主任李念分析认为,实际上新媒体部是《文汇报》部门改革的一个缩影,新媒体部作为《文汇报》的一个新部门,主要负责文汇网和 iPad 应用等新兴媒体业务,该部门实行精兵简政并追求高效,整个新媒体部的班底只有7名正式工作人员,构成了一

支"轻型"团队。新媒体部只是在纸媒原始内容基础上进行二次加工。这种深加工是将纸媒的内容作"精品化"的重新梳理，编排上已经和传统报纸完全不同。淡化新闻消息和强化深度信息是其常规的业务操作，尤其一般消息在 iPad 应用上基本消失，而新闻点评、策划性报道、深度新闻则是其最突出展现的内容。与此同时，在重新选择和编排报纸内容的基础上也注重登载一些原创内容，如新媒体部以其精干力量创办的《文汇讲堂》和《读家视点》两个精品视频栏目就在 iPad 应用中得以呈现。这样，文汇报 iPad 应用以"深度信息＋视频专栏"的独特信息编排模式赢得了众多 iPad 用户的青睐。

新民晚报 iPad 应用的负责部门是上海新民网有限公司，它作为《新民晚报》的资产剥离出的独立运营全资子公司，其公司形态也是报业改革的一个缩影。如果说《文汇报》新媒体部是作为报社一个分支业务部门进行"精简改革"的结果，那么《新民晚报》的新民网有限公司则是报社完全"市场化改革"的产物。新民网的公司制结构加上剥离出来的原报社新媒体资产，使其同时具备了很强的基础资源和灵活的运营机制。新民网自身拥有庞大的新闻采编队伍，新民晚报 iPad 应用除了选用纸媒《新民晚报》的文字新闻报道外，还自产了大量的新闻内容。新民网有限公司产品运营部负责人张力、朱慧认为，新民网有限公司旗下的新闻报道部记者基本都是全媒体记者，这个一流的采编团队为其 iPad 应用带来了图片、视频等全媒体化的大量第一手信息。拥有强大的信息内容自产能力，这是新民晚报 iPad 应用与文汇报 iPad 应用在信息采集上的最大区别。新民晚报 iPad 应用正是依靠自身的全媒体采编队伍，突出了新闻内容的多媒体化的特征，尤其是突出了高清图片和视频新闻。

南方都市报 iPad 应用产品叫"南都 Daily"，负责生产运营的机构是广东南都全媒体网络科技有限公司，它是南都报系旗下独立运营的全资子公司。"南都 Daily"作为国内第一个新闻类 iPad 应用，并且一直保持在国内新闻类 iPad 应用的前列，它拥有自己独特的应用设计理念和内容生产方式。南都全媒体网络科技有限公司首席技术官林肇生介绍，该公司共有 100 多人，分属内容中心、技术中心和运营中心，其中人数最多的就是内容中心，占公司总人数的比重超过了三分之一，正是这个部门负责"南都 Daily"的内容生产。但是内容中心人员分工很细，美编、责编、微博小组、手机报、iPad 应用、iPhone 应用等林林总总很多产品的内容均由其负责，这样就使得分配到各个产品岗位上的人很少，远远不能满足各个产品的内容制作需求。iPad 应用作为南都的明星产品，每天至少会有一个责编和两个美编来从事 iPad 产品的内容生产，但它也非专人专事地生产制作。因此，"南都 Daily"要做到内容既精美又每日更新，首先在内容量上要少，大概用几十个版来提供精华的内容。"南都 Daily"重视多媒体的元素，加入的视频节目由南都视音频部提供，以精品化的方式在 iPad 应用中呈现。然后就是从南都新闻内容资源数据库中采稿，用自己的采编思维进行重新编辑加工，绝不会做电子版的《南方都市报》。在生产流程方面，南都 Daily 每天出版一期，出版时间一般在早晨 8 点钟。为了保证新闻的实效，制作周期就得缩短，制作人员一般是 6 点钟开始选稿和编辑制作，每天只有两个小时进行内容生产，同时必须保证图文内容和编辑排版的精美品质，从而体现出它的视觉优势。"南都 Daily"的报道比报纸要及时，但不会把报纸上的东西都放进去，报纸的东西太多，制作人员只是挑选适合在 iPad 应用中展示的内容，重要的新闻一定要有，同时注重适合视觉阅读的新闻。"南都 Daily"还充分利用苹果系统本身支持即时推送的功能，尽可能多地将重大新闻信息即时推送给 iPad 用户。此外，"南都 Daily"在地域性上也有不同的采编处理。南都报纸是覆盖整个珠三角地区的区域性报纸，但"南都 Daily"不同，它是针对新的用户群来编选内容，既要顾及本地，也要眼观全国。"南都 Daily"与文汇报 iPad 应用、新民晚报 iPad 应用的区域性定位完全不同，它要打造的是全体国人的新闻应用，其精品化的内容编排使其在 iPad 用户中建立起广泛的影响力。

纵观报纸 iPad 应用的内容生产，对于精简高效的"轻型"报纸而言，iPad 应用的内容制作适合采用依托纸媒内容为主的方式，而对于庞大完备的"重型"报纸而言，其 iPad 应用适合以自有采编团队的自主产制内容为主。各家报纸的 iPad 应用要根据自身状况构成相对独立的生产主体或者附属性的生产主体。但是不管怎样，iPad 应用的新闻是和传统报纸的报道有区别的，在内容生产上存在新媒体和传统媒体的显著差异，目前仍然处在摸索阶段。

（二）广电媒体 iPad 应用的内容生产

相对于报纸 iPad 应用的内容生产，广电媒体 iPad 应用则较为简单，而且包含了更多的技术性因素。目前，随着大量观众的电视收视习惯的变化，观众群已经出现了分流，尤其年轻一代更是大大减少了通过电视机收看节目的时间,他们将精力转移到了其他的终端屏幕上,iPad 就是其中的一个典型终端屏幕。而事实上,通过 iPad 播放视频已经成为 iPad 用户最经常使用的功能之一。因此,大量的广电媒体 iPad 应用先后诞生。但是由于广电媒体的内容以视音频为主,而视音频的传播特征和采编方式与报纸媒体的图文模式存在着根本的区别,这就使得广电媒体 iPad 应用的内容生产带有强烈的技术性特征。

广电媒体 iPad 应用的内容生产对象是视音频节目,其内容来源毫无疑问主要来自母台的节目内容。广电媒体 iPad 应用一般需要在连接无线网络的情况下才能播放视音频节目,有的广播电视应用会提供视音频下载后进行离线播放。广电媒体 iPad 应用的视音频播放与传统电视的播放不同,它有着独特的传输模式和技术标准要求,不按照这种模式进行制作,就不能实现视音频的顺利播放。这其中需要做的核心业务操作就是视音频编码。

从目前来看,视音频编码就是广电媒体 iPad 应用的内容生产的核心业务。

视音频编码是一种利用计算机算法处理视音频信息以符合传输和播放要求的技术操作。主要是通过数据压缩手段把信息数据压下来,以压缩形式存储和传输,同时使计算机实时处理音频、视频信息,以保证播放出高质量的视频音频节目。由于视频编码系统采用数据压缩技术,所以解码后的图像质量一般会低于最初输入的图像。[①] 这可以用来解释一个现象,在网络传输条件下,一般我们从网上看到的视频不如在电视屏幕上看到的清晰;就是这个原因,而通过 iPad 收看视频也一定程度地存在这个问题,假如需要播放高清视频,则需要非常大的码流,对网络的基础条件要求也非常高,否则难以顺利播放。对于 iPad 的高分辨率屏幕而言,本来就适合播放高清视频,但是在网速、带宽基础网络条件十分有限的环境中,远远达不到这一个技术标准,不过这个问题迟早会随着网络技术的发展而得到解决。而且就当前的技术操作步骤而言,一般广播电视 iPad 应用囊括了海量的视音频数据,为了提高视音频节目的存储和传输等应用的效率,通常也必须要做编码压缩处理,即对输入的节目图像数据序列进行处理,然后输出压缩码流。目前所有的广播电视媒体的 iPad 应用都是采用这种

---

① 路锦正:《视频编码解码工程实践》,电子工业出版社 2011 年版,第 22 页。

视音频压缩制作之后得以播放节目的。

iPad 对视音频压缩制作后的播放效果有相当好的表现，它可以通过 Wi–Fi（无线网络）以 900kb/s 的建议码率播放流媒体，并且该码率在连接性较好的网络上还可以进一步提高。[①] 因此，iPad 非常适合视音频播放体验。目前国际上主流的视频编码标准是 MPEG–4，它主要针对网络视音频、视频会议和可视电话等低码率的传输应用。[②] 苹果公司就是采用的 MPEG–4 的国际视频编码标准，而且为 iPad 视音频编码提供了良好的基础工具，它支持用视频捕捉设备实时采集视频数据编码、解码和图像显示，更有着数据流程清晰、函数调用层次分明等编码优势，这样就有利于更优化地提高压缩效率，保证视音频传输顺畅，也增强了码流的可伸缩性，以更好地适应各种网络带宽条件，从而保证用户基本流畅的视听体验。

成都电视台作为中国典型的地方性城市电视台，在新媒体业务拓展方面一直比较积极，它在中国率先开发了自己的 iPad 应用——成视移动台。成视移动台的主要生产运营部门是成都电视台网络部，参与 iPad 应用生产运营的团队约有十人。目前成视移动台可以实现六个电视频道和两个广播频率的同步播出，同时为 iPad 用户提供近半个月的往期节目点播服务。成都电视台网络部主任万春江分析，在视频编码过程中，成视移动台的制作团队采用先进的"自动切片"技术，根据成都电视台节目播出单进行设计，操作可以具体到每一帧，以保证和电视台同步播出的准确性，且采用了三种不同的码率进行视音频编码传输，在不同的网络带宽环境下实现自动选择合适码率进行视音频播放，因此保证了 iPad 用户的体验效果。由此可见，成都电视台 iPad 应用在视音频内容的编码业务上有着成熟的实践模式。但是从内容编排来看，其应用客户端就显得比较简单，缺乏细化的编排设计，对视音频内容的节目分类设置和细化加工不够。这在 CCTV iPad 应用客户端中得到了弥补，它依托中央电视台拥有的强大视听节目内容资源，进行了详细的分类设置，以供 iPad 用户方便地进行选择播放。而像国外的 ABC、BBC 等广播电视机构在内容生产上，除了重视

---

① [美] Brandon Trebitowski：《iPhone 与 iPad 开发实践》，张波等译，人民邮电出版社 2011 年版，第 5 页。

② 路锦正：《视频编码解码工程实践》，电子工业出版社 2011 年版，第 11 页。

音视频编码和内容编排,还有一点就是新闻视频的深度加工,将之与文字报道和高清图片进行融合,打造成"多媒体"的新闻形态,给予 iPad 用户更全面立体的信息获取体验,值得国内业界学习和借鉴。

从广播电视媒体 iPad 应用内容生产的未来走向看,针对不同用户提供不同的视音频内容,以更好地满足个体用户的需求,这会是一个根本的发展方向。因为 iPad 本身就是非常个人化的媒介,它不是大众化的终端。因此,广电媒体 iPad 应用会在用户分类和节目定制等方面寻求突破。既要利用 iPad 本身特性更好地展示视音频内容,又要充分发挥互动性的传播优势,需在内容编排、体验方式、互动传播、个性定制等方面不断探索适合 iPad 终端的有效路径。

(三) 网络媒体 iPad 应用的内容生产

网络媒体与报纸、广电媒体有着本质的不同,它自始至终都是数字化的运作方式,它与网络环境须臾不可分。传统互联网条件下,"网站式"的信息传播模式是主流,但是到了移动互联网,就有了一些鲜明的变化。iPad 作为最新的移动互联网终端,"与上一代竞争产品相比,它提供了更加实用、集成性更好、比标准移动体验更加稳定的互联网体验。在输入方面,不再需要使用滚轮来上下滚动页面,在输出方面,页面以简洁清楚的方式显示,而不必拆分成多个部分,从而提供了速度更快、更加赏心悦目的上网体验。最后,在网络方面,它可以获取相对较理想的 EDGT 或 3G 网络速度。如果可能的话,还能使用高速局域网"[①]。有关调查显示,拥有 iPad 的网络用户更多地使用 iPad 来上网,iPad 已经部分地取代了台式电脑和笔记本电脑。而本书通过大量的 iPad 用户访谈,发现"应用式"的信息传播模式成为主流,替代了传统互联网环境下的"网站式"的主流模式。正是这个巨大变化,支撑了网络媒体 iPad 应用的大量开发。在"应用"的模式下,自然要求不同于传统"网站"的内容生产方式。

网络媒体 iPad 应用的信息内容,无论在"量"上还是"质"上,都有了与传统网站截然不同的生产方式。在新闻信息的"量"上,iPad 应用不会像传统网站内容那样浩如烟海,那样往往会让用户迷失于网络的信息海洋之中,而根本得不到自己想要或有用的信息。iPad 应用不是将网

[①] [美] Brandon Trebitowski:《iPhone 与 iPad 开发实践》,张波等译,人民邮电出版社 2011 年版,第 7 页。

站的信息内容全部移植，而是剔除了不重要的信息或商业信息以及各类广告信息，然后以栏目分类的样式清晰地推送到 iPad 用户面前。在具体的一则新闻信息上也要进行精心处理，iPad 应用杜绝像网站上一拉十几屏的信息堆积式的报道，那样是完全不适合 iPad 用户的体验和习惯的。iPad 用户更倾向于信息集中的、多媒体的和社交式的新闻获取体验。因此，网络媒体 iPad 应用的内容生产上，更加注重用户交互性。正如在传统互联网上，我们叫 UI（用户界面），而在移动互联网上我们叫 UE（用户交互），这个区别使得网络媒体 iPad 应用的内容生产必须采取与传统网站不同的模式。iPad 应用的新闻内容的"量"和"质"都与传统网站有了根本的不同，只有这样才能生产出符合 iPad 用户需求的信息产品。

网络媒体 iPad 应用的内容生产是一种典型的"聚合式"生产。这是缘于网络媒体具有天然的信息"聚合"特性，网络媒体 iPad 应用客户端必须整合自身庞杂的各种内容资源。对于商业门户网站而言，由于它们不具有新闻采访权，所有的新闻均来自传统媒体或新闻网站的合作或资源购买，只能在此基础上进行信息选择和编辑加工，但商业门户同时也有自产的大量其他方面的信息内容，如各类视频专题和节目等内容。对于传统媒体或通讯社的门户网站，由于依托的是母媒体，则在信息内容自产方面更为灵活便利，如新民网作为《新民晚报》旗下的新闻网站拥有几十位全媒体记者，这些记者专门负责为新民网采制视频新闻、图片新闻和文字新闻，然后经过整合加工，就在新闻网 iPad 应用客户端里以多媒体的报道形态呈现给用户。随着网络社交媒体的日益普及，网络媒体 iPad 应用在聚合传统信息资源之外，也越来越重视微博、博客、论坛等各种社交媒体的内容信息，如新浪网 iPad 应用客户端就利用新浪旗下自有的"新浪微博"优势聚合了大量微博内容。此外，网络媒体 iPad 应用客户端都呈现了大量用户即时互动的信息内容，如 iPad 用户对新闻内容的即时评论和跟帖，使得用户在获取新闻信息的同时，也可以充分了解到受众多元的理解、核实、解读甚至调侃，构成了一种独特的信息获取方式。由此看来，"聚合式"的内容生产带有网络媒体的天然优势，也充分体现了网络媒体应用客户端的独特之处。

三 iPad 媒体的经营模式

iPad 媒体与以往的媒体形态不同，它处在苹果 APP 应用的整体生态环境中,这个生态环境逼迫它们面临与以往媒体不同的竞争生存法则。那么,iPad 媒体在这个独特的生态环境中如何生存和发展,采取什么样的经营模式才能在应用市场竞争中胜出呢?这不仅与 iPad 应用的开发、内容的生产有关,同时还关涉到诸多经营和营销的问题,如"将应用转化为营销工具;综合运用交叉促销和社交媒体;应用内广告创收;应用内购买创收;通过网络设计建立口碑;通过新闻稿、应用评论、促销和赠品等方式实施发布后的营销策略"等全方位的问题。[①] iPad 应用客户端开发出来了,生产的信息内容也很好,接下来就是如何实现应用客户端的销售和盈利了。

从当前全球范围的媒体类 iPad 应用盈利模式来看,密苏里大学新闻学院迈克尔·麦金教授在华讲学周活动中的演讲中认为,主要包括以下盈利手段。首先,媒体类 iPad 应用开始高高竖起支付墙,"付费使用"成为应用的一种盈利手段,但是它也存在一些弊端,如年轻受众伴随网络或移动的免费概念长大,很不适应收费,而且收费的理想状态是受众真正愿意为应用的内容付费,如《华尔街日报》就让受众购买其数字内容成为习惯,还有像体育赛事、本地新闻等特定内容或独家内容也可以采用付费手段,关键是让受众认为付费是值得的。网络内容是大量聚合的,并非自己原创的内容,一般不值得付费购买。因此,只有受众自愿并乐意为应用的内容付费,支付墙才能产生价值。其次,媒体 iPad 应用的另一个重要收入来源是广告。目前来看,移动互联网的广告是把受众当成一个整体,但是如果对目标受众进行量身定制和个性化的衡量,效果会更好。通过掌握不同受众的个性化信息,有针对性地做出相关资讯,可能会使广告商愿意支付较高广告费。再次,赞助商的赞助也可以成为 iPad 应用的一项收入来源,问题在于如何获得更好的受众吸引度,使得赞助商愿意赞助相关内容。最后,可以在内容上进行一些巧妙的营销,如美国的利益集团或公司对于某些产品或服务进行的策划宣传和推介,我们在内容上针对他们进行相关的策划制作,以求获得他们的资助等。当然,iPad 应用的经营模式正在持续地探索当中,一些新型的销售和盈利的方式可能还会不断出现。

本书认为广告仍然是媒体类 iPad 应用的主要盈利模式。从广告的形

---

① [美] 伍德布·里奇:《苹果应用开发与营销》,赵俐译,人民邮电出版社2012年版,第3页。

式来说，iPad 上的广告更适合视频、动画等动态的广告形式。国外媒体 iPad 应用客户端的广告更加注重广告的互动性和多媒体性，如英国航空公司在《连线》杂志上做的航空饮食改进的宣传广告，以此吸引受众更多乘坐英航的飞机，该则广告首先以动画的方式吸引受众观看（一个西红柿在试管里从高处降下来），然后上面呈现一些功能键，用户可以对相关内容进行快速选择和提前浏览，并且充分使用人的视觉、听觉、味觉、嗅觉等各个感官的示意图方式，还有一个问答的形式提供给 iPad 用户跟英航的航食厨师进行互动，了解航食的改进及其理念等，最后它以航空发动机的动画方式来展示航食中的比萨饼，令人垂涎欲滴。不知不觉中你就在这个广告上花了很长时间，这正是广告要达到的目的。这样的广告展示方式，纸质媒体和广电媒体是无法做到的，传统网站也不能做到如此的互动。这是《连线》杂志的创造性实践，它让 iPad 用户在愉悦互动的中接受了广告的宣传内容。国内的许多媒体应用客户端已经上载了一些商业广告，如房地产广告、电信广告、汽车广告、日用品广告等，赢得了一定的收益。如"南都 Daily"应用客户端上的电信广告、深航广告等，就是依靠其运营中心负责销售的版面。而对于那些尚未形成影响力的媒体类 iPad 应用，则可以尝试进行"整合营销"的广告模式。如以前广告投到一个平台就在一个平台单独做，现在是以套餐的形式来做，以高出原来的一定价格购买广告位，就不仅可以在纸媒和官网上打广告，还可以在应用客户端上展现广告。

"内容收费"也是媒体类 iPad 应用客户端的重要盈利手段。美国的《纽约时报》和《华尔街日报》的 iPad 应用客户端就依靠其权威的新闻报道和独家的信息内容，成为付费应用的成功典型，它们的内容共同特征是具有"不可替代性"，这一点应当引起国内诸多媒体 iPad 应用客户端的深入思考。此外，由于投入过大造成入不敷出而被迫关停的《日报》(The Daily) 就曾依靠其精美的内容制作，经常位居新闻类付费应用的收入冠军，但其庞大的运营开支并不能带来 APP 应用的盈利，这一点也应当引起国内业界的深入思考。从中国媒体 iPad 应用的目前状况看，绝大部分应用还不具备收费的条件，因为它们不能提供给用户完全独家的信息或值得付费的内容。但毫无疑问"内容收费"是未来的发展趋势。

从媒体 iPad 应用的运营价值而言，主要有两个方面的价值。一个是起到占略高地的战略意义，毕竟 iPad 的出现带有技术决定性突破的，媒体开发iPad应用实际上是要占领新的制高点；第二个是具有技术探索价值，作为移动互联网时代的一种移动终端，移动功能在iPad上体现的最充分，如何开发出新型的人性化信息产品，需要不断的探索。《文汇报》新媒体部主任李念认为媒体iPad应用客户端充当了向新媒体拓展形象的代言人和技术的开拓者。此外，对于媒体iPad应用的营销也需要一些策略：与其他媒体应用尤其是同一个集团的iPad应用进行交叉营销是一个良好方式，如"南都Daily"客户端和南都周刊客户端就相互推介对方应用；利用社交媒体也是一个不错的方式，如微博、论坛等是进行产品推介的良好平台；利用新闻报道的方式进行推介，如解放日报报业集团就对其iPad应用客户端上线这一消息作为新闻报道发布在旗下的所有媒体上；促销和赠品等方式也是有效的营销策略，如付费订阅一期赠送全年、付费购买一个新闻应用赠送旗下其他应用等方式都可以采用。

第 五 章

人性化消费：iPad媒体的"应用"模式

iPad媒体在用户使用和消费上采用的是"应用"模式。这种模式充分体现了消费者主权，形成一种独特的人性化的消费形态。媒体类应用作为最重要的一种应用类型，其强势的传播功能为人们提供了一种迄今最人性化的信息消费和体验方式。

第一节 消费者主权与iPad"应用"消费

消费者主权是市场经济的一项基本原则，人性化的消费方式一定是充分体现着消费者主权的，而iPad媒体采用的"应用"模式正是这样一种人性化的消费，用户只需按照自身需要，在苹果应用商店中以免费或付费的方式进行自由选择和使用。

一 消费者主权与人性化消费

市场经济是全球通行的经济运行模式。在市场经济中，消费者主权是最基本的原则之一。实际上，早在古典经济学中就特别强调了消费在经济中的重要作用，甚至认为所有生产的终极目的和唯一目的就是为了消费。

与古典经济学对消费的重视情形相对应，消费者主权的概念则是在现代经济学中产生的，这是对消费的重要性的再次提升，将消费的侧重点从物转移到人上，是一个巨大的历史进步。1936年，消费者主权的概念由著名经济学家哈特提出，他认为消费者处于至高无上的地位，消费者作为公民在经济领域中的身份，可以决定或者抑制需求，这种影响社会的的权力是政府领导人都可能不具备的。因为在市场经济中，生产者通过为消费者提供商品或服务来追求利润最大化，消费者才是处于根本的引领地位，相反，生产者则是处于服从的地位和被约束的地位。① 因此，在消费者主权的现代经济时代，消费者在经济上充分拥有自由和权力，处于至高无上的主权性支配地位，他能够决定生产者的行为和方向。

在消费者主权的经济时代，消费者完全根据自己的消费偏好和消费意愿在消费品市场上选择自己需要的产品，通过自己的选择，将这种消费偏好和消费意愿的信息自然地传递给了生产者，生产者根据产品消费的具体情况，通过调整产品生产来更进一步地满足消费者的消费偏好和消费意愿。消费者在市场上选择购买某产品的行为就像是给某产品投出一张选票，生产者只有生产出适合消费者偏好和意愿的产品，才能得到消费者的选票，于是它要求生产者必须依照消费者真正的消费需求进行产品生产，"货币选票"成为指引生产者产品生产的风向标。② 消费者主权是符合市场经济的运行规律的，它的关键在于将"消费者"的主导地位凌驾于"产品"之上，人是物的主宰者，人的根本需要在此成为关注的核心。

消费者主权时代，高明的生产者能够将人类潜在的消费需求进行充分挖掘和有效满足。iPad产品诞生之前，人们并没有这种触控屏幕的平板媒介的明确需求，但潜意识里是有着直接利用触觉感官的需要，以此达到自身感官的相对平衡，这是前技术时代人类传播的一个基本特征。美国苹果公司正是深刻理解了人性的传播需求，挖掘了人类潜在的消费需求，从而开创性地生产出iPad产品。而iPad上市之后一直保持至今的火热销售的局面，以及由iPad带动全球整个iPad行业的迅速启动和飞速发展。这种力量不是产品自我赋予或自生的，而是消费者主权下的产物。

当今时代是一个媒介化时代，媒介的消费已然成为人们日常生活中的一种普遍性消费。而媒介消费市场随着传媒科技的发展和人类经济社会的全面进步而得到不断扩大，人们的媒介消费日益多元，媒介选择空间日益增大。这对于广大媒体而言，则带来更激烈的市场竞争，消费者主权则在媒介市场中形成了一种主导性的力量。

首先，从不同媒体种群的市场竞争来看，是消费者主权形成了如今的市场格局。报刊作为诞生时间最早的大众媒体，在当今的媒体格局中渐趋

---

① 陈启杰、田圣炳：《论从消费者主权到可持续消费的转型》，《上海财经大学学报》2008年第5期。

② 秦鹏、黄学彬：《消费者主权质疑：一种环境伦理下的人文思考》，《社会科学研究》2006年第1期。

衰弱，媒介消费者对报刊这种抽象文字表达为主的传播方式并不满意，在广电媒体的形象化传播普及开来之后更是产生了偏好转移。在消费者需求变化的主导下，电视超越报刊、广播成为了当今社会的第一媒体。然而在网络渐趋普及后，网络有取而代之成为第一媒体地位的态势，网络视频抢占了电视收视的受众份额，网络新闻又进一步抢占了传统报刊的受众份额。在多元媒体种群竞合的过程中，消费者的选择是媒体生存最终的决定性因素。

其次，从媒介与受众关系的角度看，"受众中心"是当前所有媒介市场化生存的普遍特征。在媒介为中心的年代，媒介是居于市场的决定地位的，例如20世纪八九十年代的中国大陆就处于这样的环境，当时电视作为第一媒体影响了千家万户，每家每户的家庭观众围绕在电视机前欣赏着各类节目，这时的电视不用过多考虑受众的口味和喜好，只需按照电视台本身的议程设置去播放节目。在媒介多元化发展的今天，各类媒介之间的竞争加剧，同类媒介的竞争也在加剧，"媒介为中心"日益转向"受众为中心"。受众中心论实际上要求媒介充分关注媒介市场的消费者，以消费者的消费特征为导向。不再是媒介独断议程，而是消费者影响、参与甚至主导媒介议程。

最后，从媒介受众自身的变化来看，由"大众化"到"小众化"（分众化），再到"个人化"，我们能够看到消费者作为主导性力量的强势发展。大众化时代的媒介影响普通大众，此时的受众是大量不加区分的异质个体集合而成；而到了小众化或分众化的媒介时代，此时的受众不再是混沌一体，而是清晰地区分出了各圈层受众，不同偏向、不同兴趣和不同利益需求的人组成了若干"小众"或"分众"的受众群；而到了个人化的媒介时代，每个单独的个体都成为媒介的内容接收者，此时的信息传播是以单个人的需求为出发点的，由此，针对个人提供个性化的信息内容和传播方式成为信息传播业的发展大势。个人媒介终端的多元拓展，正将个人化的媒介时代推向高潮。在这个受众嬗变的过程中，消费者主权的特征日益得到强化。

人类信息传播的目的是为了人本身，满足人的信息需求是最根本的动因。人的信息需求，在媒介市场中就表现为媒介消费者的信息消费行为及其特征，这是各类媒体乐此不疲而追随的方向，消费者主权在此得到彰显。消费者主导下的消费即是一种人性化消费，消费者的主导性越强，这种消费的人性化程度就越高,它体现的是对消费者主体价值更加尊重,同时也体现了对消费者信息需求的更好满足。

iPad不仅引领了一种新的媒体传播方式,而且开创了一种新的媒体消费模式——"应用"消费。以往的媒体"受众"身份转变为"用户"身份,而且是一个一个完全独立的"用户"。iPad用户一方面是媒体传播的对象和目标,另一方面又是媒体的使用者和体验者。iPad用户既参与了媒体传播,又参与了媒体消费,这完全取决于iPad用户对应用客户端程序的选择。iPad用户的这种消费行为模式最大限度地体现了"消费者主权"。iPad用户完全自主选择应用程序以达到更好地满足自身信息需求之目的。

二　iPad人性化的"应用"开发

（一）移动终端的应用客户端模式

"移动终端"是近年来社会大众中十分流行的热词,正是智能手机和iPad等移动终端媒介将移动互联网推上了历史的最高峰。移动终端用户获取信息的方式主要有两种：一种是通过Web页面直接获取信息的传统网页模式,另一种就是通过APP应用商店下载应用程序获取信息的应用客户端模式,两种模式之间有着诸多差异。

传统网页模式是在传统互联网环境中多年成长起来的成熟模式,它在移动互联网兴起和逐渐扩散的过程中得到了广泛使用。就传统网页模式而言,必须使用网络浏览器才能浏览互联网上的内容,当然它与传统互联网是同步的,可以囊括所有的互联网内容,只是浏览器进行网页浏览的必要条件是网络的实时连接。在实时连接的网络条件下,就可以提供给移动终端用户有关文本、图片、视频和数据等内容信息。另外,通过网页模式也可以访问某些移动特定功能,比如呼叫（拨打电话号码）或一些基于位置的服务。[①] 但是,网页模式的缺陷也是非常明显的,如互动性比较弱、安全性不够好、不能离线使用等,这些缺陷都被APP客户端模式所弥补。

应用客户端模式是当前移动终端用户的主流模式。随着网络技术和移动通信的飞速发展,越来越多的移动终端用户使用比以前手机有更好体验

---

① 刘晓东：《移动终端上的APP和WEB之争》（http：//www.cnnic.cn）。

的 3G 智能手机或 iPad 上网冲浪，这些新型移动终端媒介为移动网民带来了崭新的上网模式。而这些移动终端在社会的迅速扩散，尤其是智能手机的日益普及，使得丰富多彩的各类应用客户端逐渐为广大移动终端用户所接受。用户可以通过应用商店查找和下载自己喜欢的专门应用程序，可以选择购买、试用，甚至可以下载大量高质量的免费应用客户端。

移动终端媒介的应用客户端模式对移动互联网业带来了巨大的影响。移动上网的第一接触点将发生巨变。在移动互联网发展初期，通过网页进入是唯一的上网方式，移动运营商打造了 Wap 门户，这成为移动用户上网的第一接触点，移动运营商正是凭此掌控了移动互联网业。而当下的应用客户端模式成为移动互联网服务的主流方式，用户的第一触点转向各类应用客户端，这实际上带来了移动网络商业价值的整体性转移。随着移动终端网络步入客户端时代，应用客户端将不仅为用户提供优质的体验，更是要为用户着想，利用各种用户信息（如位置信息、历史行为信息、好友关系信息等）进行智能计算，从而提供给移动用户一些强有力的推荐式服务，这种信息应用的附加值会更高。① 更便捷、更智能的多元化应用客户端将带给移动终端用户更人性化的信息体验，这也将带来移动互联网新一轮的发展热潮。

对于移动终端媒介应用客户端的未来，研究认为 APP 客户端和传统 Web 网页将融为一体，形成 Web APP。虽然 APP 客户端可以通过下载内容达到离线使用，可以向用户推送互联网内容和数据，但内容的单一性是它的明显缺陷。传统 Web 网页也有其优势，如超强的兼容性、较低的成本、生命周期长等方面存在天然优势。两者进行各取所长的融合后，就能使移动互联网强强联合，从而打造出一个空前强大的移动网络。在传统 Web 领域，随着 HTML 5 这种新的网络标准的逐渐成熟，Web 将克服掉自身某些缺陷而变成一个 APP。HTML 5 能够在所有移动终端上对 APP 应用的体验进行统一，因此发布一个版本 APP 就可以满足不同终端的需要，封闭式 APP 将走向开放式 APP。Web APP 将通行于移动互联网。②

从以上来看，移动终端的应用客户端模式优势明显，是当前移动终

---

① 吴丹：《手机上网将步入客户端时代》（http://www.cnnic.cn）。
② 刘晓东：《移动终端上的 APP 和 WEB 之争》（http://www.cnnic.cn）。

端最流行的信息获取模式,但它在 HTML5 的基础上与 Web 融合,将变成更为强大的 Web APP,形成一种区别于传统客户端的新型 APP 客户端模式。

(二) iPad 应用客户端的生存状况

既然应用客户端模式是移动终端媒介的主流信息模式,那么 iPad 作为当前最先进的移动终端媒介,其应用客户端的生存状况如何呢?这值得研究者和业界人士给予充分关注。

有关调查报告显示,2016 年全球互联网终端设备的数量将高达 100 亿。假如全球人口此时达到 73 亿,则意味着平均每人将拥有 1.4 个互联网终端设备。智能手机和 iPad 用户的应用下载量也会大大增长。再从当下数据来看,截至 2012 年 6 月,苹果公司的 APP 下载量已达 300 亿次;截至 2011 年 12 月,谷歌公司的 Android 应用下载量也达到 100 亿次。[①] 如此高的客户端下载量表明应用客户端产业的良好发展态势。

仅就苹果公司的应用商店而言,应用服务商 Appsfire 于 2012 年 11 月 20 日发布消息称苹果 APP Store 自 2008 年问世以来提交审核的应用数量突破百万。在这 100 多万应用中,保持活跃的应用有 73.6 万个,在这些存活的应用中,付费应用有 33.6 万个,约占活跃应用总数的 45%。[②] 苹果应用商店提交审核的应用数量表明其应用市场所具有的强大吸引力,而极高的活跃数量则表明其应用市场的总体生态环境良好。

另据苹果公司官方的最新消息,截至 2013 年 1 月,苹果应用商店下载量超过了 400 亿次,用户数量则高达 5 亿,共提供 77.5 万个应用程序供用户下载。而在 2012 年 6 月,苹果应用商店的应用下载量为 300 亿次,用户数量为 4 亿,应用程序数量为 65 万个。在仅约 6 个月的时间,苹果应用商店就新增用户 1 亿个,新增应用程序 12.5 万个,新增下载量 100 亿次。若以此速度稳步发展下去,苹果应用商店的应用消费绝不可小觑。仅 2012 年 12 月,苹果应用商店下载量创下历史最高纪录,将程序更新和重新下载的剔除掉,下载量仍突破了 20 亿次。在这些应用程序中,原生

[①] 刘晓东:《移动终端上的 APP 和 WEB 之争》(http://www.cnnic.cn)。
[②] 爱范儿:《苹果 APP Store 内应用提交数目破百万》(http://www.ifanr.com/news/199460)。

iPad 应用程序超过 30 万个，而向应用开发者支付的总费用就已逾 70 亿美元。① iPad 应用商店的付费应用程序每下载一次，获得的利润就由苹果公司和应用开发者按照比例进行分成。从原生 iPad 应用程序的数量和应用开发者的经济收益看，在不足三年时间里有如此大的发展和成效，实在是难能可贵，从发展趋势来看，iPad 应用客户端的模式应当被业界看好。

我们再从 iPad 应用商店的竞争格局看，应用市场竞争相当激烈，但 iPad 应用占据市场的明显优势。当前，平台级的应用商店主要有苹果 iTunes App Store、谷歌 Android Market、黑莓 App World、Palm App Catalog 和 Windows Marketplace for Mobile 等五个。同时，移动运营商也涉足应用商店领域，如移动 Mobile Market、联通 Unistore 等。此外，诸如亚马逊、三星、魅族、淘宝、SUN 等终端制造商和内容服务商也纷纷介入进来。②从目前来看，苹果 iTunes App Store 占据的市场份额是最大的，今后的走势如何，这取决于 iPad 市场和应用程序市场的双重博弈，业界一般都看好 iPad 应用客户端的未来，无论从数量还是质量，其应用客户端皆属应用市场的上乘之作。

就 iPad 应用客户端的盈利模式看，从付费下载转向应用内收费成为发展的趋势。从 iPad 应用客户端采用的模式看，一般分为完全免费程序、完全收费程序、应用内付费程序。众多应用程序因为尚处于打开市场阶段而采取完全免费的方式，其目的不在于盈利而是先占领用户市场，当有了稳定的用户基础后则逐渐转为付费下载。当前的完全收费程序一般是少数一些具有不可替代性的应用。应用内收费是用户免费下载应用，应用内提供多种功能、内容和服务，基本的功能、内容和服务是免费使用的，但如果用户想获取更多功能、内容或服务，就需要付费才能使用，诸多游戏类应用程序皆采用了这种收费方式，《纽约时报》《南都周刊》等少量新闻类应用也采取了这种收费方式。此外，应用内广告也是应用程序开发商获利的一个有效途径。实际上，苹果公司早从 iPod 时代就着力于数字影音产品的销售，但大量的盗版下载影响了这一模式，所以主要转为提供正版在线视听服务和植入式广告来盈利。③ 不管采取哪种模式，iPad 应用客户

---

① 199IT：《苹果官方：截至 2013 年 1 月 APP Store 下载量突破 400 亿》（http://www. 199it. com/archives/89008. html）。

② 中关村在线：《2011 年中国 iPad 市场研究报告》（http://zdc. zol. com. cn）。

③ 同上。

端的影响力已经在用户中扎下根来。当然这种影响力正是源于 iPad 全方位的应用程序开发。

（三）iPad 全方位的"应用"开发

苹果公司在 2013 年 1 月发布的声明中专门列出 App Store 最成功的几种应用程序，其中包括 Temple Run（下载量达 7500 万次）、DragonVale 与 Clash of Clans（出自 Supercell，收入逾 1 亿美元）、租车应用 Uber、个性社交新闻阅读应用 Flipboard、打折酒店应用 Hotel Tonight、租房应用 Airbnb（冰岩）等。[①] 这里面既有游戏类应用；也有新闻类应用；还有生活服务类应用。这一定程度上反映出 iPad 应用程序的需求是全方位的，它进一步刺激了 iPad 全方位的应用程序的开发。

首先，iPad 应用程序中最引人注目的种群之一是新闻类应用程序。这一大应用种群中，包含了数量最多的传统报纸开发的新闻应用和传统杂志开发的新闻应用、一定数量的传统广播电视媒体开发的新闻类应用、少量的传统网络媒体开发的新闻类应用。每一类型的新闻应用都有自己独特的特征，可谓各有所长。正是这些五彩斑斓的新闻类应用程序为 iPad 用户提供了获取新闻的多样化体验。iPad 不仅使传统媒体重新焕发了青春，同时也让那些疲于应付流量和商业利益关系的网络媒体找到一个新突破口。[②] 因此，传统媒体、网络媒体乃至聚合媒体的新闻应用之间相互补充和竞争，构成了新闻媒体行业的一个崭新的生态空间。当然，每个新闻应用在这个生态空间的竞争基本上是很公平的，那就是如何获得 iPad 用户的青睐和持续使用，任何一款新闻应用都面临着 iPad 用户的舍弃从而变成"死"应用，每一款新闻应用也都面临着新的发展机遇和潜在空间。是 iPad 用户这个新型消费者决定了新闻应用的生死，试图打造新闻应用的媒体人都应充分关注和遵循这个生态系统的发展规律。iPad 用户成为新闻应用的环境，不是所有的新闻应用都能生存下来，最终生存下来的一定是适应了 iPad 用户需求的那些新闻应用。但毫无疑问，如此众多的新闻应用开发对 iPad 用户是有利而无害的。

其次，娱乐类应用程序一直是 iPad 应用程序中下载量和使用率极高

---

① 199IT：《苹果官方：截至 2013 年 1 月 AppStore 下载量突破 400 亿》（http：//www.199it. com/archives/89008. html）。

② 中关村在线：《2011 年中国 iPad 市场研究报告》（http：//zdc. zol. com. cn）。

的种群。这一类应用中，游戏类应用品种显得特别突出，几乎每一个用户都会在自己的 iPad 下载若干游戏类应用，尤其在 iPad 刚诞生的时候，更有人提出 iPad 就是新型游戏机的说法。除了游戏类应用之外，娱乐类应用还包括音乐类应用、视频类应用、体育类应用等。音乐类应用有十分强大的音乐功能，比网络音乐的使用更为便捷，直接点击 iPad 上的相关应用就能播放各种高质量的音乐，而且支持用户个性化的音乐选择。视频类应用近来受到 iPad 用户的热捧，原因在于 iPad 作为最适合移动播放的视频平台，非常适合 iPad 用户碎片化的生活和娱乐方式。体育类应用则满足了大量体育爱好者的虚拟运动需求，给予各类体育爱好者全新的视觉和触觉上高度仿真的动态性体验。总体上看，娱乐类应用几乎构成了当前 iPad 应用程序的"半壁江山"，今后的娱乐类应用依然会在 iPad 用户中保持高度活跃。

再次，生活服务类应用程序是 iPad 应用程序中不可或缺的组成部分。这个应用种群包括天气应用程序、工具类应用程序、生活信息类应用程序、商业信息类应用程序、健康信息应用程序、旅行信息应用程序、财务应用程序、位置信息服务程序等。尤其是位置信息服务在 iPad 引领的移动互联网时代获得空前发展。移动互联网不仅是网络终端媒介之间的连接，更重要的是它包括了带有地理位置信息的移动终端用户，目前提供地理位置信息服务的应用程序有 Google maps、Foursquare、街旁等，这些尚属于位置信息服务的初级应用，以后将不断衍生出更多位置信息服务的高级应用，拥有巨大的市场前景。[1] 对处于世界科技前沿的苹果公司而言，它也不会错过位置信息服务的市场机遇。据《华尔街日报》报道，苹果公司正与 Foursquare 洽谈，欲将 Foursquare Labs 的本地数据整合到苹果地图中，将本地服务与 iPad 紧密联系，实际上苹果公司已经和 Yelp 合作以获得商家列表和本地评价等相关数据。[2] 苹果地图通过对本地数据的整合加工，将会带来更人性化的位置信息服务。将移动用户的地理位置与生活服务信息嫁接起来，这是未来生活服务类应用程序的个性化发展趋势。

---

[1] 中关村在线：《2011 年中国 iPad 市场研究报告》（http://zdc.zol.com.cn）。
[2] 爱范儿：《苹果问 Foursquare 要数据，完善地图本地化》（http://www.ifanr.com/news/219104）。

最后，办公类应用程序也是受到 iPad 用户普遍关注的一个应用种群。办公类应用程序包括 iWork、Quick office、Pages、Onlive Desktop、Writing Kit 等。虽然传统电脑终端和笔记本电脑都拥有 Office 等强大的办公系统，但是它不能满足用户随时随地办公的需求，而 iPad 等 iPad 提供了优质高效的硬件基础，加上合适的办公类应用程序的开发，则满足了用户移动办公的特殊需求。Google 公司于 2012 年 6 月收购了开发兼容微软 Office 套件的 Quick office，并将其产品与 Google Apps 进行整合，发布了一款 Quick office 的 iPad 收费办公应用软件，售价 7.99 美元，为高端需求用户提供了便捷的移动办公条件。微软公司对于此亦有动作，微软捷克分公司在 2012 年 10 月对外宣布了移动版 Office 套件的存在，微软罗马尼亚语的官方网站则在 12 月透露消息称已经准备好了面向 iPhone 和 iPad 的移动版 Office 套件。虽然微软美国主站目前还没有发布更多关于移动版 Office 的信息，但预计离移动版 Office 套件发布的日程已经不远，届时将采用付费订阅模式，但可以免费试用。[①] 针对微软公司的举动，Google 公司又紧随其后宣布将开发 Quick office 的 iPad 免费应用，这意味着更多的 iPad 用户可能会选择 Quick office 进行移动办公。另外，Quick office 的竞争对手 Cloud On 也更新了移动版应用。[②] 由此可见，各种办公类应用程序之间竞争非常激烈，将来会有更多专门化的分类办公应用不断产生，将更好地满足 iPad 用户的移动办公需求。

第二节 iPad 人性化的工具使用

iPad 人性化的"应用"消费模式吸引着无数用户不断下载各类应用客户端进行体验和使用。用户在应用体验和使用的过程中是完全自主的，那么用户在如何使用 iPad？用户本身的情况及其使用偏好、行为特征为何？

一 国内的 iPad 使用

中国作为一个经济持续发展和对外日益开放的国度，国外许多先进的

---

① 爱范儿：《Office 要登陆 iPhone 和 iPad 了》（http：//www.ifanr.com/news/214052）。
② 爱范儿：《"干掉 Office"——Quick office 将免费登陆 iPad 平台》（http：//www.ifanr.com/news/220614）。

技术设备、生活物品、信息资源等源源不断地流入国内。iPad 作为最新的传媒科技品牌产品自然也不例外，在国内很快获得了用户认同和迅速扩散。iPad 为中国受众带来的信息获取与传播的全新方式，其影响非同小可，意义深远，从国内的 iPad 使用，我们能够清晰地认识到 iPad 带来的全方位的变化。

由于苹果公司开发的操作系统是一个封闭式的系统，外界根本无法直接获得 iPad 用户及其使用情况的相关信息。而在不确定用户的情况下就不适于做相关调研。但是国内有中国互联网络信息中心（CNNIC）、互联网消费调研中心（ZDC）等全国性的调研机构，它们对 iPad 的相关调研数据为本书提供了基础性的数据资料，而且不限于 iPad，有的调研还提供了整个 iPad 行业所有用户的使用情况，这为本书增加了 iPad 行业用户整体的宏观视野，同时也有利于本书展开充分比较，从而更清晰地呈现国内 iPad 的使用情况。

（一）国内 iPad 用户的基本情况

在 iPad 面世之后，"iPad" 迅速形成了一股 IT 数码行业的汹涌潮流，目前国内 iPad 市场上就有众多的品牌，有本土品牌也有外来品牌。

表 5—1　　　　　　　　国内 iPad 用户的品牌选择情况

用户所用的 iPad 品牌比例	
品牌名称	所占比例
苹果	41.1%
联想	23.8%
三星	9.1%
纽曼	6.7%
华硕	2.7%
其他	16.6%

（数据来源：互联网消费调研中心）

通过表 5—1 中的用户品牌选择情况看，有超过四成（41.1%）的用户选择使用苹果品牌的 iPad，这个比例较前两年而言有所下降，原因主要是当前不同档次和价位的 iPad 产品众多，用户基于自身情况形成了不同的选择。不管怎样的多元化市场，苹果的 iPad 始终是 iPad 的第一品牌，

iPad 几乎占据了 iPad 的半壁江山，优势相当明显。这也说明国内的 iPad 用户更青睐于使用 iPad 产品。

表 5—2　　　　　　　国内 iPad 市场的品牌需求情况

品牌	排名	品牌拥有率	品牌偏好
苹果	1	58.9%	74.3%
联想	2	17.3%	11.1%
三星	3	5.9%	6.0%
戴尔	4	2.1%	1.8%
索尼	5	1.3%	1.1%

（数据来源：中国互联网络信息中心）

从表 5—2 可见，iPad 是当前中国 iPad 市场中的绝对主宰者。iPad 的品牌拥有率几近六成（58.9%），这个 iPad 用户拥有的比例比表 5—1 的 41.1% 的 iPad 拥有率高出了 17.8%，而假如从品牌偏好上来看，受众中的反应更是明确偏向于 iPad，用户市场的品牌偏好高达 74.3%，即意味着超过七成的用户偏向于使用 iPad，甚至有些用户将 iPad 直接等同于 iPad。由此可见，用户对 iPad 的青睐确实令人震惊。

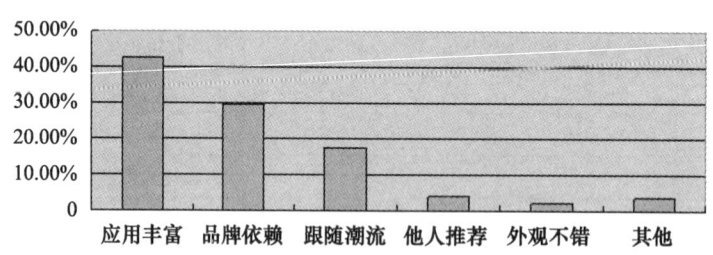

图 5—1　国内用户选择 iPad 的主要原因构成

（数据来源：互联网消费调研中心）

那么 iPad 用户首选 iPad 的原因何在呢？根据图 5—1 的调查数据显示，有 43% 的用户最为看中 iPad 极为丰富的应用和软件，这与媒体纷纷发布 iPad 应用客户端程序是相辅相成、相互促进的，iPad 用户越多则开发应用越多，应用越多则 iPad 用户越多；同时有 30% 的用户看中了苹果这一值得信赖的品牌，品牌效应在此彰显，而品牌的基础是做好产品，从 iPad 获得的使用体验和人性化程度的确也是其他 iPad 所不能比拟的。这两项构成了用户选择 iPad 的最主要原因。

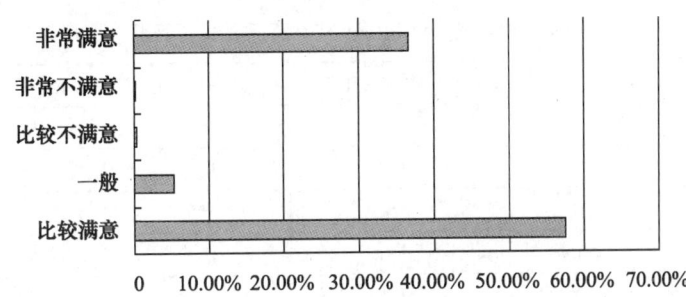

图 5—2　国内用户对 iPad 的整体满意度

（数据来源：互联网消费调研中心）

由图 5—2 的 iPad 用户整体满意度结果可见，用户对 iPad 的总体评价很高，表示"非常满意"的用户比例为 37%，"比较满意"的用户比例为 58%，两者合计超过九成（95%），绝大多数用户对 iPad 使用的满意评价，这为应用客户端程序的开发上线提供了最好的平台。

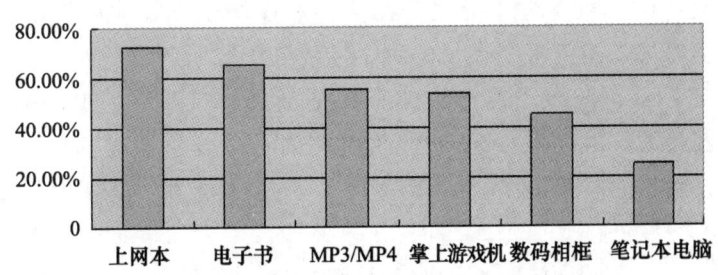

图 5—3　国内用户认为 iPad 可以替代的产品

（数据来源：互联网消费调研中心）

由图 5—3 关于 iPad 可以替代的产品调查结果所示，超过七成用户认为 iPad 可以替代上网本，超过六成用户认为 iPad 可以替代电子书，超过一半用户认为 iPad 可以替代 MP3/MP4 和掌上游戏机，约近一半用户认为 iPad 可以替代数码相框。就连配置和性能方面都强于 iPad 的笔记本电脑，仍有约四分之一用户认为iPad可以替代它。这从用户的使用和体验层面证明了iPad的强大吸引力，iPad对用户形成的高黏合度和不可替代性，使得iPad成为市场上最成功的平板媒介。

表5—3　　　　　国内iPad用户与iPad用户的地区分布情况

排名	国内iPad用户所在省区占全国比例		国内iPad用户所在省区占全国比例	
1	广东	11.9%	北京	18.0%
2	北京	9.5%	广东	13.2%
3	山东	8.2%	上海	8.2%
4	江苏	5.6%	江苏	7.1%
5	浙江	5.4%	山东	5.2%

（数据来源：中国互联网络信息中心）

通过表5—3可见，中国iPad用户多集中于经济发达地区。其中仅前五位的广东（11.9%）、北京（9.5%）、山东（8.2%）、江苏（5.6%）和浙江（5.4%）等五个地区就合计占去了全国用户超四成的比例（40.6%）。这一方面说明iPad用户的区域结构不均衡，与当地经济社会总体发展程度相关；另外这也与各地传统媒体研发的iPad应用客户端成正比，即当地iPad用户的多寡程度决定了媒体开发iPad应用客户端程序的发达程度，市场的决定性因素十分明显。同时，iPad用户分布情况显示，分布居前五位的分别是北京、广东、上海、江苏、山东、浙江等地，这与整个iPad行业用户的总体分布情况基本一致，皆与经济社会发达程度正相关，经济比较发达的地方，iPad用户就相对较多。

从图5—4的国内iPad用户年龄分布情况看，iPad以26—30岁年龄的用户最多，所占比例超过了三分之一，其次是18—25岁用户（31%）和31—35岁用户（19%），这三项合计占据了iPad用户的绝大多数。因此，iPad用户以年轻人群体为主。面对当今的消费者主权时代，iPad等iPad信息类应用程序的开发必然充分重视年轻人群体，对这样的人群进行有针对性地设计开发，从而呈现出年轻化的趋势。

第五章 人性化消费:iPad 媒体的"应用"模式

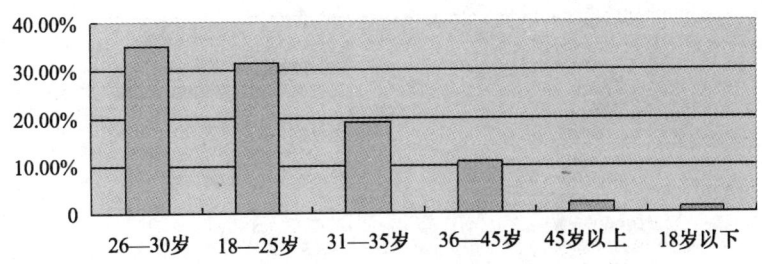

图 5—4　国内 iPad 用户的年龄分布情况

（数据来源：互联网消费调研中心）

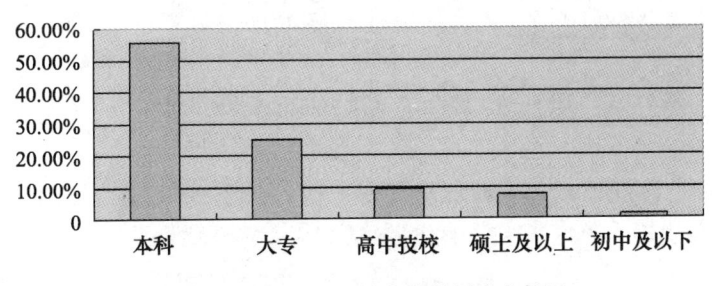

图 5—5　国内 iPad 用户的学历分布情况

（数据来源：互联网消费调研中心）

图 5—5 显示，iPad 用户中，本科学历的用户最多，比例高达 56%，其次是大专学历用户（25%），两者之和（81%）占了绝大多数 iPad 用户。充分说明了 iPad 这样的高端传媒产品在大学文化程度人群中的重要影响力，同时这一学历群体也确实构成了社会发展的中坚力量。

从图 5—6 可知，iPad 用户在高学历（硕士及以上、大学本科）、高收入（8000 元以上、5001—8000 元）、高职位（企业/公司中高层管理人员、高级专业技术人员）等方面有着突出的表现。对于广大网民而言，iPad 已成为继笔记本电脑、智能手机之后个人电子产品的第三大件，它在高学历、高收入和高职位人群中首先得到扩散。因此，基于 iPad 开发的应用程序首先带来的就是对高端社会人群的影响力，这就给我们带来了一个深刻启示，专为 iPad 开发的应用程序要充分注重产品的优秀品质，可以有针对性地为高端社会人群提供高端定位的应用产品。

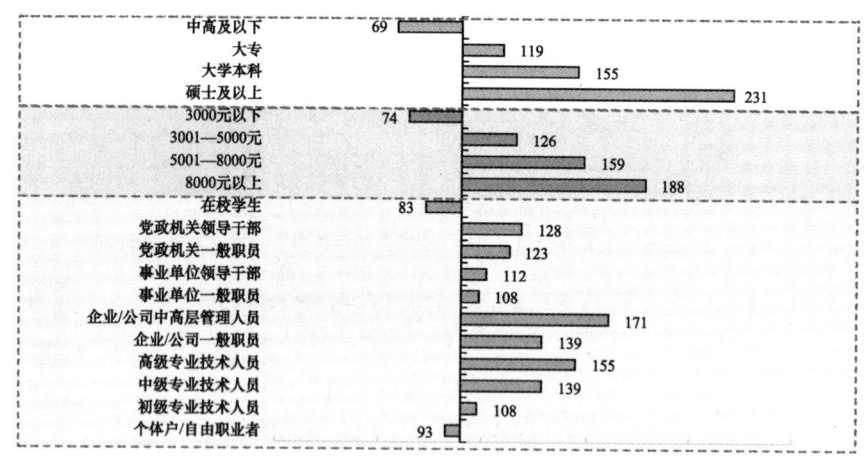

图 5—6　国内 iPad 用户的构成特征指数①

（二）国内 iPad 用户的使用行为

使用类型，见图 5—7、图 5—8。

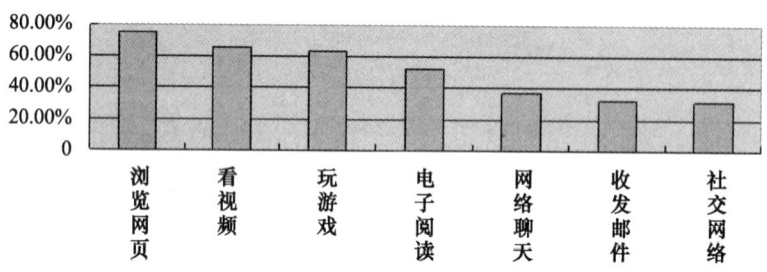

图 5—7　国内 iPad 用户的主要用途

（数据来源：互联网消费调研中心）

根据图 5—7 中显示的调查结果，用户主要使用 iPad 来浏览网页的比例占了七成多（76%），可见 iPad 作为移动网络终端，通过它进行网络浏览依然是首要功能。其次，看电视、电影和视频是居第二位的用途（66%），iPad 的大小尺寸非常适合视频展示，加上 iPad 的高清显示屏，因此成为受众收看视频的极佳平台。iPad 作为游戏机的新型代替产品，

---

①　互联网消费调研中心：《2012 年中国 iPad 用户属性调查报告》（http：//zdc.zol.com.cn/334/3342557.html）。

有64%的用户将游戏作为主要功能。还有一个非常值得关注的是，用iPad读电子书和报纸的用户占了53%，也就是说有超过一半的iPad用户热衷于iPad阅读，毕竟iPad带来的全新的阅读体验，这是其他传统媒体和网络终端阅读所无法相提并论的。

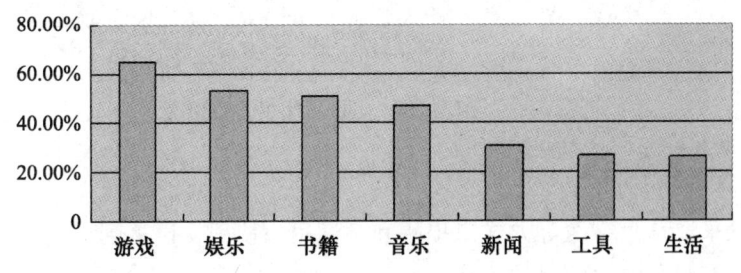

图 5—8　国内 iPad 用户最常使用的应用软件类型
（数据来源：互联网消费调研中心）

从图5—8来看，在用户最常使用的软件类型中，游戏、娱乐、书籍、音乐类应用软件的使用和用户安装下载的排位次序一样，依次排在前四位，而"新闻"应用则位列第五，使用比率超过30%。但相对于iPad用户经常下载的应用软件类型而言，能够经常使用的软件比例大大降低。对于应用软件开发者而言，如何在用户中占有一席之地就显得至关重要。如果经常不被用户光顾和使用，那么就意味着这个应用软件已经在受众中"死"了，而且这种"死"的概率和死亡速度远远超过传统媒体。对于新闻媒体类应用而言，毫无疑问最重要的就是占据新闻应用的首发阵容并悉心呵护和培育用户的使用习惯。

使用时段，见图5—9、图5—10。

从图5—9显示的iPad使用的时段看，用户使用的时间段并不均衡。具体来说，用户在白天的使用比较平均，使用率大致在20%上下，午休时间有所上升（26%），明显高过白天的其他时间段。晚间则变化的更加剧烈，晚上18:00—20:00点时段，用户使用率直线上升至45%，而在接着的20:00—22:00点时段则形成了用户使用的最高峰，使用率接近六成（59%）。夜间之后随着人们进入睡眠时间则iPad使用率降到最低。了解到这一点，对于应用软件开发者来说相当重要，要想使得应用软件得到用户更多的使用，就必须想办法稳定日常时段、锁定高峰时段，尤其是高

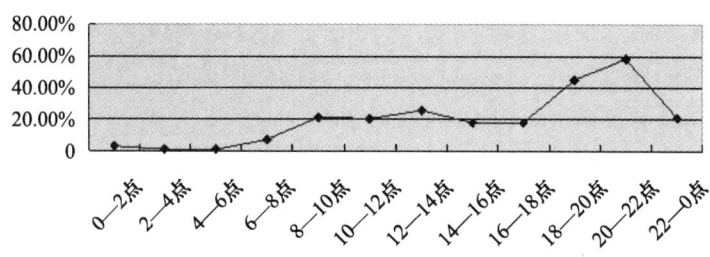

图 5—9 国内 iPad 用户的使用时段情况

(数据来源：互联网消费调研中心)

峰时段采取信息推送等方式来提醒和刺激用户使用，以达到提高应用软件的使用率和影响力的目的。

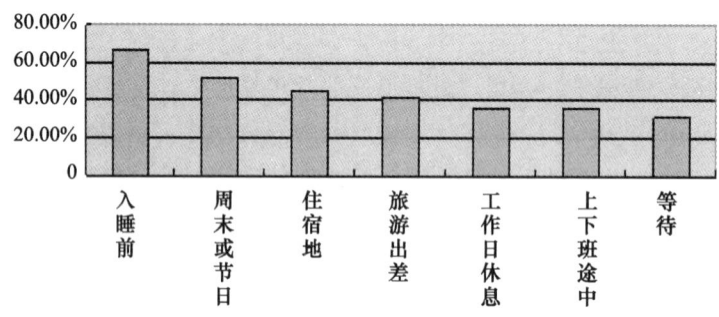

图 5—10 国内 iPad 用户的使用时段情况

(数据来源：互联网消费调研中心)

从图 5—10 可见，用户使用 iPad 的时间呈现出典型的"碎片化"特征。入睡前、周末或节假日、工作或学习结束后回到住宿地、旅游出差途中，甚至工作日休息时间、等待时间等都可以成为 iPad 的使用时间。这一方面充分显示出 iPad 的"便携易用"之优点，随时随地可以在掌中使用；另一方面也反映出了当今时代人们日常文化生活的新样态，受众获取信息的模式上的根本变化，人们不再是手里捧着纸质报纸或杂志，也不是紧守在电视或电脑前，而是在需要的时候随时可以方便地获取任何信息。实际上，人类传播正在进入一个移动传播的时代，这靠的正是移动媒体终端，而 iPad 比手机终端更加人性化。

使用地点，见图 5—11。

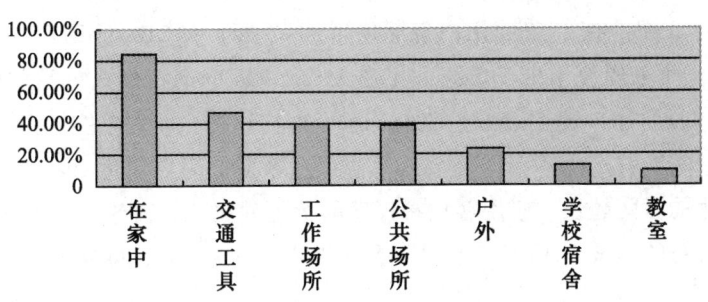

图 5—11　国内 iPad 用户的使用地点情况

（数据来源：互联网消费调研中心）

通过图 5—11 显示的 iPad 使用地点的调查结果，我们发现绝大多数 iPad 用户是在家中使用 iPad（85%）。而在交通工具、工作地点和公共场所的 iPad 使用比例基本在 40% 左右。这个调查结果值得我们深思，iPad 作为移动媒体终端，其便携性应当得到人们的充分认可和体验，但随身携带使用的用户比率并不太高，这就使其便携性打了折扣。这一方面说明 iPad 作为便携终端产品还不能在便携性上与手机相比，还尚未成为人们的"随身必备"，另一方面也不得不考虑 iPad 的体积和重量，虽然已经是目前最理想的平板媒介，但还有待于技术改进。从短期来看，iPad mini 的面世是增进便携性的一种补救性措施，但从长期来看则需要从技术层面进行根本性的革新。总之，移动传播时代需要不断进化的移动媒体终端。

使用频率，见图 5—12、图 5—13。

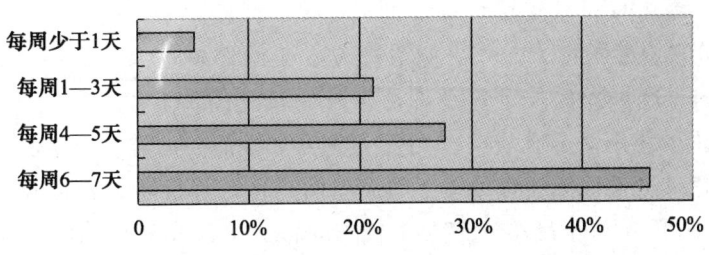

图 5—12　国内 iPad 用户的使用频率情况

（数据来源：互联网消费调研中心）

从图5—12显示的iPad用户使用频率看,总体而言用户使用iPad的频率是比较高的。被调查用户中,接近一半(46.0%)的用户几乎每天都在使用iPad,有28%的用户每周使用4—5天,有21%的用户每周使用1—3天,而每周使用少于1天的仅占5%。iPad的消费模式就是应用客户端模式,只要用户使用iPad,就意味着一些应用客户端程序能够得到使用,就意味着它能够产生一定的社会效益或经济效益。用户使用iPad的频率越高,使用的时间越长,应用客户端程序的价值就越大,对于广大媒体而言,为媒体自身的iPad应用客户端程序提供的潜在消费市场也就越大。

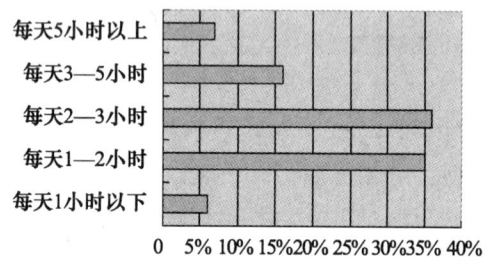

图5—13 国内iPad用户每天平均使用时长情况
(数据来源:互联网消费调研中心)

图5—13清晰地展现了iPad用户每天的平均使用时长情况。使用2—3小时的用户比例最高(36%),使用1—2小时的居其次(35%),使用3—5小时的占16%。从统计来看,绝大多数iPad用户使用时长在1小时以上(94%)。

二 国外的iPad使用

iPad源自美国苹果公司,它首先是在美欧等发达国家畅销开来,继而在中国飞速扩散的。无论经济社会总体状况还是iPad用户个体状况,国外的iPad使用情况应当比国内更为充分和全面。从相关的用户调查来看,自iPad诞生以来,国外诸多的大型调查公司纷纷针对iPad用户以及所有iPad用户展开过多次调查,如Google、Business Insider、keynote、IAB(Interactive Advertising Bureau)、IDG(International Data Group)、RJI(Reynolds Journalism Institute)、APP Annie等分析调查机构就展开过多项相关调查,这就为本书提供了丰富的基础数据。本书将在整合这些调研数据基础上进行全面分析，力图呈现国外 iPad 的使用情况，以供国内参考。

（一）国外 iPad 用户的基本情况

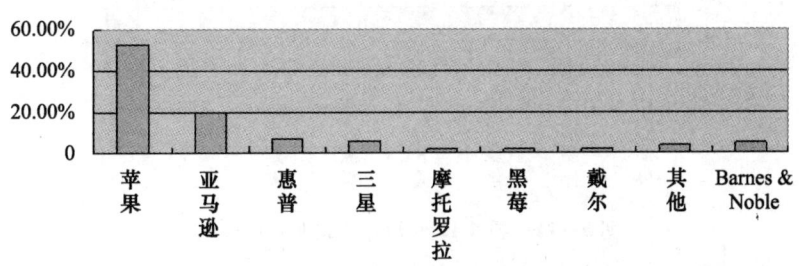

图 5—14 国外 iPad 用户的品牌选择情况

（数据来源：互联网商业咨询公司 Keynote Systems）

通过图 5—14 的国外用户品牌选择情况看，超过一半（53%）用户选择使用 iPad，比排名第二位的 AmazoniPad（20%）远远高出 33%，iPad 真正占据了 iPad 的半壁江山，同时也反映出国外 iPad 用户更加青睐于 iPad。同时，将此与中国 41% 的 iPad 占有率相比，它高出了十分之一强（12%），可见经济、社会、文化等方面的整体发展程度使然。

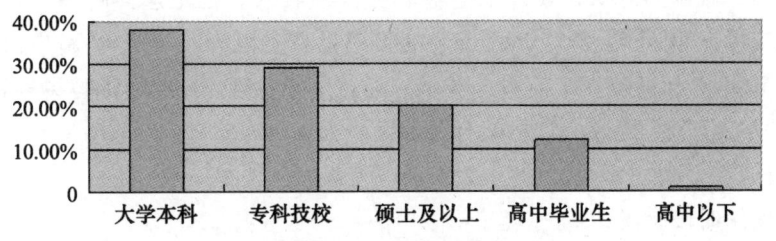

图 5—15 国外 iPad 用户的学历分布情况

（数据来源：互联网商业咨询公司 Keynote Systems）

图 5—15 显示，国外 iPad 用户中，本科学历的用户比例最大（38%），但比中国本科学历的用户比例（56%）明显低了许多。其次是大专类学历用户（29%），硕士和博士学历的用户人群也不在少数，占了五分之一（20%）。三者之和达到 87%，专科以上学历人群占有如此高的比例，说明 iPad 作为高端科技产品在较高学历人群中影响巨大，几近

普及。

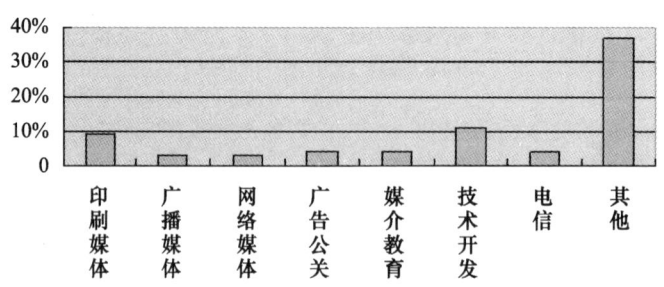

图 5—16 国外 iPad 用户的职业分布情况

（数据来源：美国密苏里大学雷诺兹新闻研究所）

从图 5—16 国外 iPad 用户职业分布情况看，职业属性对 iPad 的使用与否有显著影响。iPad 作为新兴的高端电子传媒信息产品，在两个行业最受关注，一个是新闻传媒产业，另一个就是网络与电子信息产业。通过计算，从事传媒类相关职业的 iPad 用户占比例总和为 23%，从事技术开发和电信行业的用户占比例总和为 15%，两者共占超过三分之一（38%）。当然，从事其他职业的 iPad 用户也占了很大比例（37%）。

以上图表分析表明，国外 iPad 用户和中国 iPad 用户呈现出若干相同的特征，较高的学历、较好的职业和较高的收入。正是这样的用户特征，才能支撑起 iPad 等整个 iPad 行业的繁荣景象，因为对于 iPad 用户而言，购买 iPad 本身只是一个消费的开端，通过苹果 APP Store 付费购买各种应用客户端程序才构成一种持续性的经济消费。

（二）国外 iPad 用户的使用行为

使用时段，见图 5—17。

从图 5—17 可见，国外用户使用 iPad 的时段虽然比较分散，但晚间和早间两个时段使用特别突出。晚间（20—23 点）的使用率最高，有超过一半的用户在此时段使用 iPad（51%），其次是早间（5—8 点）的使用率也超过了三分之一（37%）。此外，上午（8—11 点）和傍晚（5 点—8 点）两个时段也皆有近三分之一的用户使用 iPad（31%）。由此来看，iPad 的使用率还是非常高的，iPad 用户习惯在每天的生活中用 iPad 来获取信息或进行娱乐，它已经构成了 iPad 用户日常生活的重要组成部分。

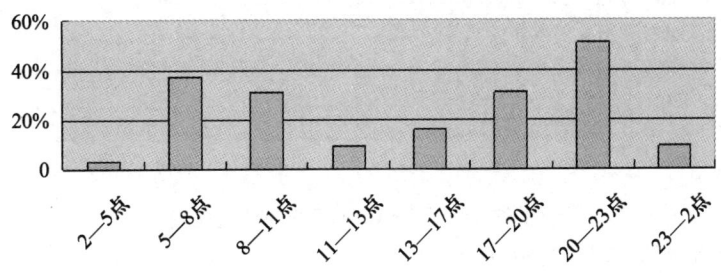

图 5—17　国外 iPad 用户每天的使用时段

（数据来源：美国密苏里大学雷诺兹新闻研究所）

使用地点，见表 5—4、图 5—18。

表 5—4　　　　　　　　国外 iPad 用户的使用地点

序号	最常使用地点	所占比例
1	椅子上	51%
2	床上	17%
3	餐桌	9%
4	工作地	7%
5	家庭办公	6%
6	厨房	6%
7	旅行中	5%

（数据来源：美国密苏里大学雷诺兹新闻研究所）

通过表 5—4 的 iPad 使用地点的统计，发现国外 iPad 用户的使用地点基本都是在家中，最为突出的是选择在床上或座椅上使用 iPad 的用户比例高达 68%，其他地点则比较分散。这个调查结果和中国 iPad 用户使用地点上的特征十分吻合。因此，iPad 的移动性还有待进一步加强，iPad 用户的移动使用习惯有待进一步培养。

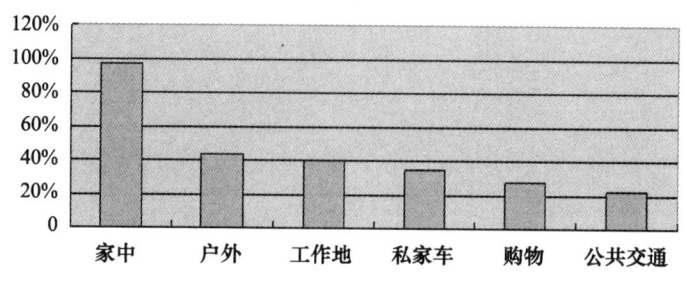

图 5—18　国外 iPad 用户的使用地点

（数据来源：美国互联网广告局）

图 5—18 的国外 iPad 用户的使用地点情况与 iPad 使用地点情况一致的是用户在家中的使用率非常高，iPad 用户在家中使用率达到 97%。此外，我们还发现，在工作地点也有较多的使用，使用率达 40%，在私家车上的使用率也较高（35%），外出购物地点（28%）和公共交通工具上（23%）也都有一定的使用率，这令我们感到情况的好转，从中看到 iPad 真正成为走出家门的"可移动"传播终端的潜在趋向。

使用频率，见表 5—5、图 5—19、图 5—20。

表 5—5　　　　　　国外 iPad 用户每天平均使用时长情况

时长	2010 年	2011 年	2012 年
8 小时以上	2.9%	2.8%	4.1%
5—8 小时	7.8%	8.4%	10.3%
2—5 小时	38.2%	41.2%	46.6%
1—2 小时	36.4%	36.3%	25.6%
少于 1 小时	15.2%	11.3%	13.5%

（数据来源：科技博客网站 BusinessInsider）

表 5—5 清晰地展现了国外 iPad 用户每天平均使用时长以及变化趋向的情况。首先，就 2010 年、2011 年和 2012 年的使用时长情况看，都是使用 2—5 小时的用户比例最高，使用 1—2 小时的其次，同时使用 5 小时以上的用户也占有一定比例；其次，我们观察 iPad 用户每天使用时长的变化趋向，发现使用 2 个小时以上的 iPad 用户比例在明显上升，而使用 2 个小时以下的用户比例有明显下降，这表明 iPad 对应用程序开发商而言

第五章 人性化消费：iPad 媒体的"应用"模式　133

越来越有利。

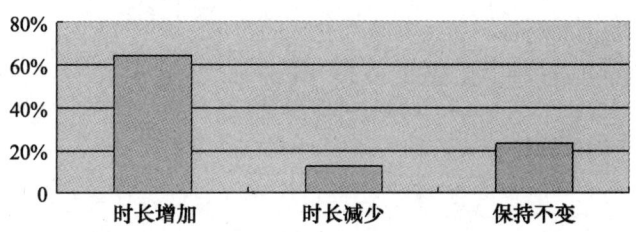

图 5—19　国外 iPad 用户使用时长的增减情况
（数据来源：科技博客网站 BusinessInsider）

图 5—19 显示，超过六成（64%）的 iPad 用户使用时长增加了。在一定意义上说，iPad 用户使用的时间越长，他们就越喜欢使用，随之又会使用更长的时间，这一良性发展态势对于应用客户端程序开发商而言十分有利。

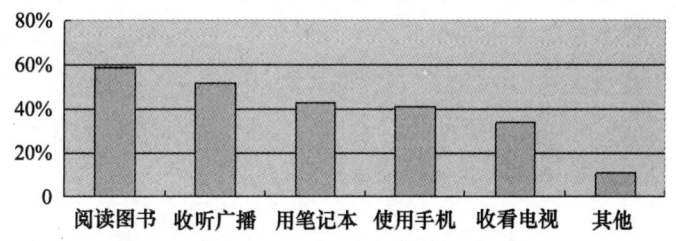

图 5—20　国外用户每天使用 iPad 时间多于…
（数据来源：谷歌公司调查数据）

由图 5—20 可知，大量 iPad 用户使用 iPad 的时间不同程度地超过阅读报纸、收听广播、使用笔记本、使用手机以及收看电视的时间。其中，有近六成（59%）用户使用 iPad 时间超过阅读报纸时间，超过一半（52%）用户使用 iPad 时间超过收听广播时间，超过四成（43%）用户使用 iPad 时间超过使用台式或笔记本电脑的时间，同时也有超过四成（41%）的用户使用 iPad 时间超过使用手机的时间，此外，超过三分之一（34%）的用户使用 iPad 的时间超过收看电视的时间。由此可见，iPad 已经部分取代了使用其他媒介的时间。iPad 所具有的多种媒体的功能，使得其他媒体尤其是传统纸媒与广播电视受到了史无前例的巨大挑战。虽然 iPad 不可能取代其他媒体，但是已经深深影响了其他媒体的生存，从媒介进化的角度看，iPad 适应了媒介进化的趋势，更加符合人性化的需求。

使用的主要用途，见图 5—21、图 5—22、图 5—23、图 5—24、图 5—25：

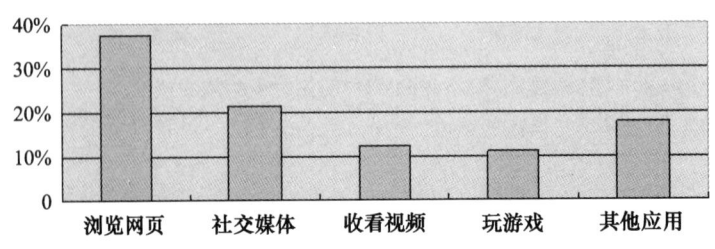

图 5—21　国外 iPad 用户使用的主要用途

（数据来源：科技博客网站 BusinessInsider）

图 5—21 展现的 iPad 用户使用的主要用途表明，37% 的用户集中于网页浏览，其次是邮件和社交类应用（21%），然后是其他类应用程序的使用（18%）。同时，用来观看视频的比例（12%）也明显高于玩游戏的比例（11%）。从中可见 iPad 不仅是用户拿来上网的终端平台，同时也很好地担负起社交媒体终端和视频播放终端的作用。

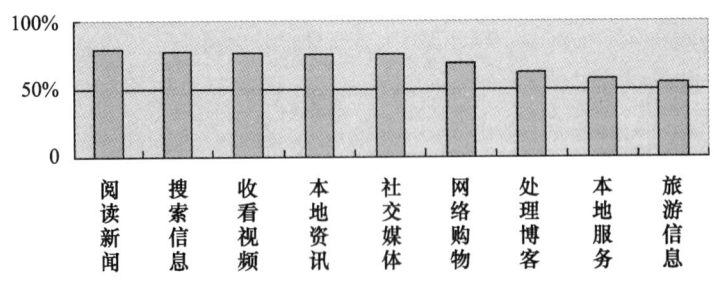

图 5—22　国外用户使用 iPad 的主要用途

（数据来源：互联网商业咨询公司 Keynote Systems）

根据图 5—22 中显示的调查结果，国外平板用户在阅读新闻、搜索信息、收看视频、接收本地资讯、参与式社交媒体等用途方面依次处于前列且无明显差距。其中,阅读新闻和收看视频这两项用途应当充分引起业界关注,这为传统报纸和电视的转型提供了很好的平台。

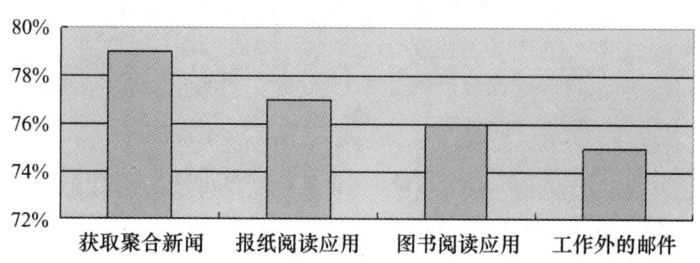

图 5—23　国外 iPad 用户最喜欢做的四件事情

(数据来源:美国密苏里大学雷诺兹新闻研究所)

图 5—23 则展现了国外 iPad 用户通过 iPad 最喜欢做的四件事情:通过聚合新闻应用获取新闻、通过报纸的应用程序阅读报纸新闻、通过相关读书类应用阅读书籍以及工作外的邮件收发。国外 iPad 用户对新闻类应用如此喜爱,这是对新闻类应用程序开发商的巨大鼓舞,尤其是对正面临生存困境和转型中的传统媒体尤为重要。

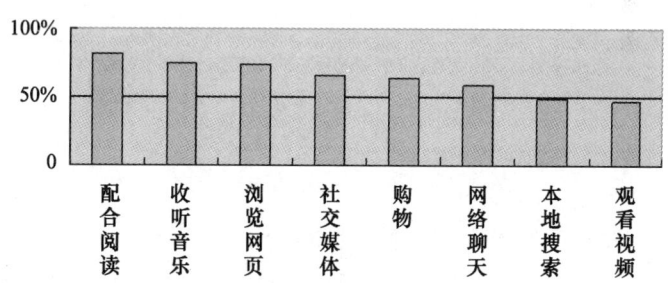

图 5—24　国外用户阅读报刊时的 iPad 使用情况

(数据来源:美国互联网广告局)

图 5—24 的数据表明,国外用户在阅读纸质报刊时也会同时使用 iPad,其中结合纸媒进行阅读的比例最高(81%),其次是收听音乐(74%)和浏览网页(73%),此外利用 iPad 进行社交媒体的使用的用户比例也达 65%,还有不少用户同时通过 iPad 进行购物、网络聊天、本地搜索、观看视频等多样化的使用。

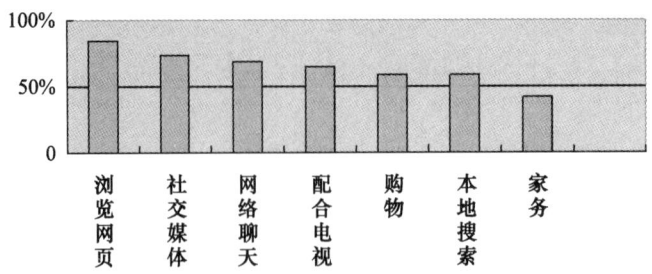

图 5—25 国外用户收看电视时的 iPad 使用情况

（数据来源：美国互联网广告局）

图 5—25 的数据表明，国外用户在收看电视的同时，也会通过 iPad 进行浏览网页、使用社交媒体、网络聊天、配合电视收看、购物等方面的使用。

付费使用情况，见图 5—26、图 5—27。

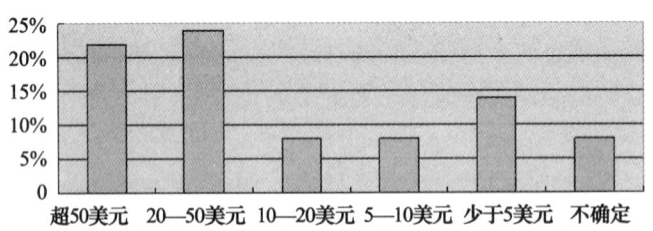

图 5—26 国外 iPad 用户的每月付费使用情况

（数据来源：美国互联网广告局）

从图 5—26 可以看到，每月花费 20—50 美元的 iPad 用户占了最高比例（24%），而花费在 50 美元以上的用户比例（22%）紧随其后占了第二位。两者之和接近一半（46%）。这也表明国外 iPad 应用程序开发商已经打造出了一个十分可观的"应用"消费市场。

通过图 5—27 可见，无论是免费的苹果应用程序下载量，还是付费应用程序的下载量，美国都是稳居世界第一位，分别占有 28% 和 34% 的比重，而中国作为最大的发展中国家和 iPad 主要使用国之一，免费应用程序下载量的比重（12%）仅次于美国，但是付费应用程序的下载量的比重却低至 2%。这就提醒中国应当在提高 iPad 用户付费使用上付诸努力，为移动互联网媒体培育出一个成熟的"应用"消费市场。

第五章 人性化消费:iPad 媒体的"应用"模式　137

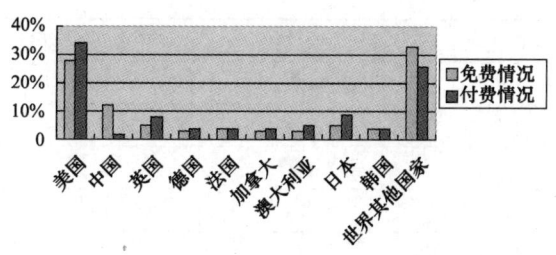

图 5—27　全球苹果系统用户的免费和付费情况分布图①

第三节　iPad 人性化的媒体传播

在诸多的各类应用客户端当中,媒体类应用的地位和影响如何?国内外的媒体类应用是否呈现出一致的传播态势呢?国内外 iPad 用户在媒体类应用上又呈现出怎样的消费情形呢?

一　国内的 iPad 媒体传播

总体来看,国内的 iPad 用户在应用软件类型下载方面和 iPad 使用的主要用途方面,都体现出了较为明显的媒体强势,媒体传播中的用户阅读类型上也形成了明显的传播特征。

表 5—6　　　　　　国内用户经常下载的应用软件类型比较

	2011 年		2012 年	
	比例	排名	比例	排名
新闻	43%	6	70%	1
游戏	74%	1	60%	2
视频	缺失	缺失	59%	3
音乐	59%	4	57%	4
图书	64%	3	40%	5

---

①　APP Annie:《最新数据显示 34% 的 iOS 应用营收来自美国》(http://www.199it.com/archives/18180.html)。

续表

	2011 年		2012 年	
	比例	排名	比例	排名
工具	42%	5	37%	6
社交	27%	10	37%	7
天气	32%	8	35%	8

（数据来源：互联网消费调研中心）

通过表5—6，我们得到一个重要发现：从2011年到2012年，应用软件下载类型发生了明显变化。首先令我们眼前一亮的是，2011年的游戏类应用下载排名第一，而2012年新闻类应用下载取而代之，成为用户最经常下载的应用软件，下载比例高达七成（70%）；其次，视频类应用下载排名第三位，短短一年时间视频应用迅速抢占了庞大的用户市场，下载比例近六成（59%）；第三，社交类应用软件下载排名明显上升，下载比例也明显增大，超过三分之一（37%）用户选择下载，说明社交媒体在国内用户中日益受到重视。从游戏应用下载排名第一到新闻应用排名第一，更让我们看到了国内媒体类应用的强势传播，同时它也验证了新媒体演化历程的规律——任何新媒体都是由最初的以娱乐功能为主转向成熟后的以新闻功能为主，广播、电视、网络的演化历程皆是如此。

表5—7　　　　　国内用户使用的主要用途对比

	2011 年		2012 年	
	比例	排名	比例	排名
浏览新闻	77%	1	86%	1
即时通讯	38%	5	67%	2
收看视频	66%	2	67%	3
电子阅读	53%	4	60%	4
玩游戏	64%	3	58%	5
收发邮件	33%	6	41%	6
社交网络	32%	7	27%	7

（数据来源：互联网消费调研中心）

通过表5—7，我们发现：2012年用户的主要用途与2011年相比，也发生了显著变化。虽然"浏览新闻"在两年中都是排名第一位的主要用途，但所占比例大幅提高，从七成多（77%）上升到八成多（86%）；"即时通讯"获得的提升幅度更大，由38%上升到67%；"电子阅读"则亦有小幅提高，从53%提高到了60%，"玩游戏"则呈明显下降，比例从64%下降到58%。此外，"收发邮件"用途的比例有所提高，"社交网络"则呈略微下降。总体而言，iPad的媒体传播功能大大增强，表明人们对iPad的认知和使用正在从娱乐工具朝媒体化终端的方向转化，iPad的媒体化功能将随着用户的使用而得到不断发展。

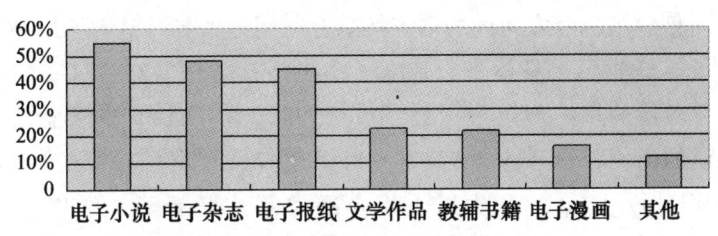

图5—28　国内用户经常阅读的内容类型

（数据来源：互联网消费调研中心）

由图5—28可知，国内用户已经比较习惯于iPad阅读，但是阅读的内容类型存在较大差异：超过一半（55%）的用户经常阅读电子小说，近一半（48%）的用户经常阅读电子杂志，接着也有接近一半（45%）的用户经常阅读电子报纸，而其他类的阅读比例大大降低。因此，从阅读内容类型来看，消遣性的小说比较流行，侧重于深度阅读的杂志内容也很重要，专注于新闻信息的报纸内容必不可少。

图5—29则进行了不同性别用户经常阅读内容类型的对比，从中发现不同性别用户经常阅读的内容类型差异并不明显，尤其是在最重要的前三种阅读类型中几近相等，只是女性在电子小说上的阅读略多一点儿（2.9%）。此外，女性用户经常阅读文学作品的比例（32.0%）较男性比例（22.4%）高出近十分之一（9.6%）。因此，关于阅读类的应用软件开发无须将男女用户刻意区别，这样也为应用软件开发带来方便。

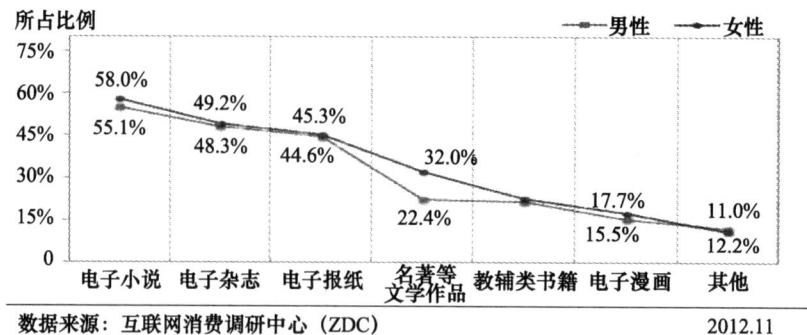

图 5—29　国内不同性别用户经常阅读的内容类型对比①

不同年龄用户经常阅读的内容类型存在明显差异，这与不同性别用户的情况正好好相反。具体来看，电子小说阅读方面，25—34 岁、35—44 岁两个年龄段的用户都是占了近六成（57.8%），而 45 岁以上用户阅读电子小说的比例相对较少，但 45 岁以上用户阅读电子报纸的比例最高，将近一半（49.1%），18 岁以下用户经常阅读名著等文学作品的比例（29.3%）和阅读电子漫画的比例（30.7%）皆为最高。这些为阅读类应用的开发提供了很好的指南，应用开发者需针对不同年龄用户进行不同内容类型的开发。

二　国外的 iPad 媒体传播

相对于国内的情况，国外的 iPad 媒体传播表现得更为成熟，无论是在电子阅读方面，还是在新闻应用的使用方面，iPad 用户皆表现出较高的积极性和主体性特征。

从图 5—30 中显示的调查结果可见，在国外 iPad 用户中，用来阅读电子书的比例高达 71%，不用 iPad 阅读电子书的比例则不到三成（29%）。这表明国外 iPad 用户绝大部分比较适应 iPad 阅读的方式。它表明了 iPad 阅读应用的巨大发展潜力和市场空间。纸质书籍这种传统媒体正在被数字化的阅读方式所代替。这也表明 iPad 在媒体阅读功能上的强化传播。

---

①　互联网消费调研中心：《2012 年中国移动互联网用户调查报告》（http://zdc.zol.com.cn/337/3377217.html）。

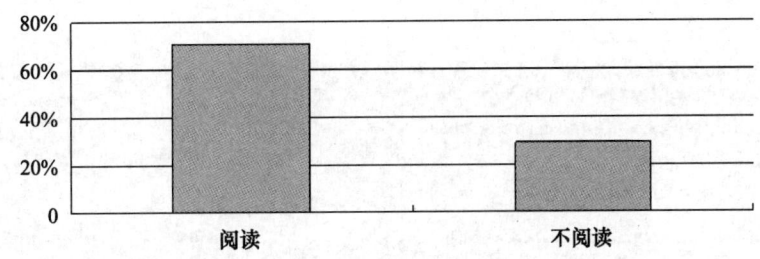

图 5—30　国外 iPad 用户阅读电子书的比例

(数据来源：科技博客网站 BusinessInsider)

表 5—8　　　　国外 iPad 用户选择电子书阅读方式的变化图

	2010 年	2011 年	2012 年
iBooks	42.4%	46.1%	51.3%
kindle	50.0%	37.8%	36.5%
其他	7.6%	16.1%	12.2%

(数据来源：科技博客网站 BusinessInsider)

从表 5—8 中可见，从 2010 年到 2012 年三年里，使用 iPad 中的 iBooks 进行阅读的用户比例呈明显上升态势，而使用 Kindle 应用进行阅读的用户比例呈明显下降趋势。尤其是在 2010 年到 2011 年间，使用 Kindle 应用进行阅读的用户比例从 50% 下降到 37.8%。这说明 iPad 用户正慢慢放弃 Kindle 阅读应用，而更多地使用 iPad 阅读。亚马逊公司从生产 Kindle 阅读器转向推出 iPad 则证明了 iPad 才是真正符合用户需求的更有前景的媒体。

从图 5—31 中的调查数据可知，近三成（29%）移动终端用户经常阅读数字新闻或杂志，另外，总计有超过一半（51%）国外移动终端用户经常使用电子版本进行阅读。在移动化的传播时代，移动式阅读已然成为一股不可阻挡的潮流，随着移动终端媒介的日渐普及，移动化阅读也将成为一种普及性的阅读状态，这将为各种阅读类应用带来巨大的发展空间。

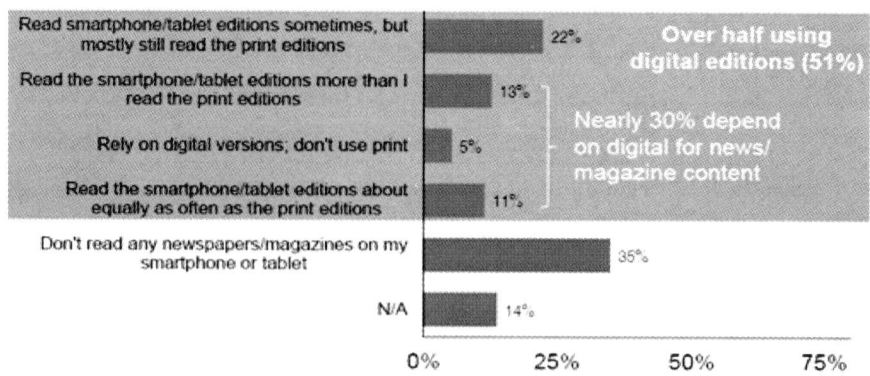

图 5—31　国外移动终端用户电子阅读的比例①

表 5—9　　　　国外 iPad 用户经常使用的新闻应用前十名

应用名称	比例	排名
纽约时报	51%	1
今日美国	46%	2
美国公共新闻	42%	3
气象中心	41%	4
应用名称	比例	排名
CNN	34%	5
ABC	32%	6
华尔街日报	30%	7
美国公共广播电台	29%	8
Flipboard	28%	9
BBC	25%	10

（数据来源：美国密苏里大学雷诺兹新闻研究所）

表 5—9 的调查结果显示，国外 iPad 用户经常使用的新闻应用既有传统纸媒的新闻应用，也有传统广电媒体的新闻应用，还有新兴的社交类新闻应用。其中，国际权威大报《纽约时报》占有最高的用户比例，有超

---

①　Mobile's Role in a Consumer's Media Day：*Smartphones and Tablets Enable Seamless Digital Lives*，July 2012，http：//www.iab.net/media/file/IAB-Mobile-Devices-Report-final.pdf.

过一半（51%）用户选择使用《纽约时报》的应用客户端。电视媒体应用中以 CNN 客户端占有的用户比例最高，超过三分之一（34%）。社交类新闻应用 Flipboard 也占有将近三成（28%）的 iPad 用户比例。因此，国外 iPad 用户在新闻应用的使用上是多元化的，各种类型的新闻应用都能在用户中找到一定的生存空间。

表 5—10　　　　国外 iPad 用户最常接触的新闻类别

新闻类别	比例	排名
一般新闻	51%	1
技术	46%	2
天气	42%	3
商业	41%	4
体育	34%	5
评论	32%	6
娱乐	30%	7
科学	29%	8
生活	28%	9
健康	25%	10

（数据来源：美国密苏里大学雷诺兹新闻研究所）

通过表 5—10，我们看到国外 iPad 用户的新闻类型接触偏好情况。近九成（89%）iPad 用户最常接触的是一般性新闻；有超过一半（53%）的用户常接触科技新闻；排在第三位的是天气预报，也有超过一半（51%）的用户比例；商业/经济新闻也是接触率比较高的新闻类型，有超过四成（43%）的用户；超过三分之一（34%）的用户喜欢接触体育新闻。还有值得关注的是，有超过四分之一（27%）的用户经常阅读新闻评论。因此，iPad 用户的新闻接触偏好是十分多样化的，这就有利于各种各样的新闻应用占据不同的生态位而获得生存。

从图 5—32 中可知，绝大多数用户经常使用两个以上的新闻应用。具体来看，经常使用三个新闻应用的用户比例最高，正好占了四分之一

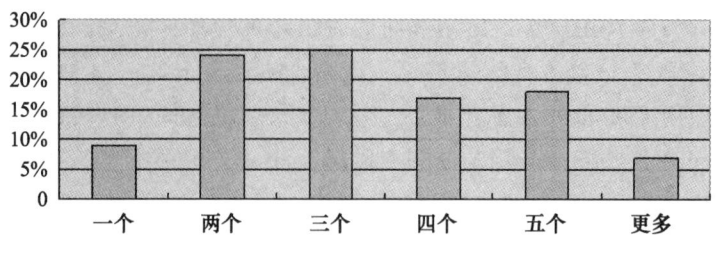

图 5—32　国外 iPad 用户经常使用的新闻应用的数量①

（25%）；使用两个新闻应用的用户比例居其次（24%）；使用四个以上新闻应用的用户比例合计达四成之多（42%）；而仅使用一种新闻应用的用户比例不足十分之一（9%）。由此看来，新闻应用在一般情况下并不具有对 iPad 用户的独占性，而对于用户而言，同时使用不同的新闻应用，则有利于他们获得更全面的、多样化的信息体验，这也为新闻应用开发商提供了一个更有利的生态环境。

从图 5—33 可以得出一个令新闻应用开发商兴奋的结论：新闻应用有着广阔的盈利空间。已经付费订阅了一款报纸新闻应用的用户比例为 6%，在接下来的半年内倾向于付费订阅一款报纸新闻应用的用户比例高达 45%。这样，合计有超过一半（51%）的 iPad 用户乐意为报纸新闻应用而付费。毫无疑问，这对于日益面临生存危机的传统报纸而言，转而进行数字化新闻付费阅读将成为一条可行性的路径，iPad 为它们提供了一个良好的发展平台。

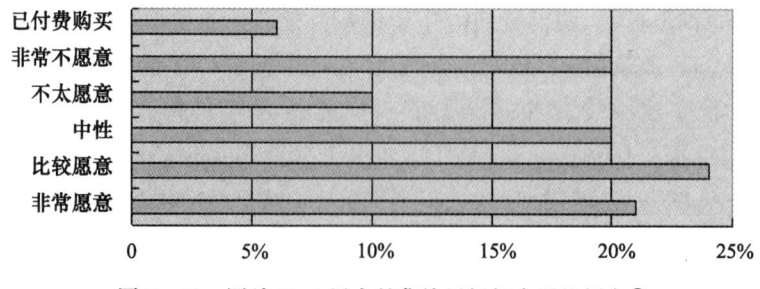

图 5—33　国外 iPad 用户付费使用新闻应用的倾向②

① RJI-DPA Spring *2011 iPad Survey Results*. June 7, 2011, http：//www.rjionline.org/news.
② RJI-DPA spring *2011 iPad survey results*. June 7, 2011. http：//www.rjionline.org/news.

第 六 章

人性化反思：iPad 与人的异化

通过以上分析可知，iPad 毫无疑问是迄今为止最人性化的传播媒介。人的理性指引着媒介进化，创造了越来越人性化的媒介，但人的理性却不能左右自身对媒介的使用情形。媒介技术文化的变迁逐渐增进了人对媒介的依存，而当这种依赖性达到一定地步，就会导致人的异化，使得媒介左右了人本身。越是人性化的媒介就越容易使人上瘾，越容易导致人的异化。如何消除 iPad 导致的异化现象，这将是我们要解决的一个问题。

第一节 媒介技术文化的变迁

媒介技术不仅是技术本身，它同时还是一种文化，媒介技术文化十分复杂，也经历了复杂的变迁过程。简单来说，是从工具使用文化过渡到技术统治文化，进而再步入技术垄断文化。

一 从工具使用文化到技术统治文化

媒介演进历程中的每一个阶段都离不开技术的进步，媒介与技术的关系表现的越来越紧密。为了探讨媒介技术文化的变迁过程及其实质，我们依据美国媒介环境学派学者尼尔·波斯曼的划分方式，将媒介技术文化分为工具使用文化、技术统治文化和技术垄断文化三种类型。这三种文化间的递变，从媒介作为人支配下的附属工具到媒介作为和人抗衡的异己力量，再到媒介成为控制人本身的决定力量，从中可以让我们看到媒介与人之间的微妙关系。

我们首先来看工具使用文化，这是世界上存在最早的一种媒介文化类型。从远古一直到 17 世纪，世界上所有的文化基本上都是工具使用文化。

虽然从当前来看，三种文化类型在世界上都能看到，但工具使用文化正在迅速消失，我们只有到充满异域风情的闭塞之地才能够寻觅其踪影。然而，从历史的角度看，工具使用文化未必是技术贫困的文化，相反，它们的先进性甚至可能是令人震惊的。① 人类诞生后经过漫长时期的发展，由于在生产中的协作和生活中的交流等实际需要，人类创造了第一种传播工具——语言（口头语言），这个时间大概是两万多年前。语言依靠人的声带振动通过气流传播，这种传播的时空局限性很大，而生产的发展迫使人类必须突破现有的传播时空限制，经过漫长的努力，人类在大约五千年前，又创造了第二种传播工具——文字，它是一种更易记录和保存下来进行跨越一定时空的传播工具。语言和文字的诞生，是人类传播手段和技术进化中的里程碑。语言依赖于人体的发声器官，声音无法同发出声音的人分离，而文字能和人分离传播，但离不开书写文字的工具和承载文字的载体，因此文字的发明便孕育了对媒介层面的革命呼唤。② 从石头、兽骨、竹木、纸张等载体的改进，到发明活字印刷术，从而引发手写媒介到印刷媒介的彻底变革。这些媒介作为人类的传播工具，为人类生产和生活的进步带来了巨大益处，它们的创造与使用都是服务于人的，被牢牢地控制在人的手中。但是这种状况从18世纪瓦特发明蒸汽机开始出现了巨大变化。

技术统治文化正是自18世纪开始产生并迅速加剧。17世纪以后，新兴的技术统治文化动摇了工具使用文化的主导地位，进而在18世纪后期，西方社会的技术统治文化占据主导地位，真正进入了技术统治时代，到了19世纪后半期，随着新技术井喷式的发展，使得技术统治文化最终达到了它的巅峰。③ 在技术统治文化的主导下，技术性工具在人类的文化生活中起着至为关键的作用，以至于整个社会世界和符号世界都服从于工具发展的需要。工具不但没有服从文化的统摄，反而向文化发起进攻，并试图成为文化，以便取而代之。④ 这一时期的工具从手工制作的低技术性工具演变为机器制造的高技术性工具，因此可以称其为机器文明。

---

① ［美］尼尔·波斯曼：《技术垄断：文化向技术投降》，何道宽译，北京大学出版社2007年版，第12页。
② 张咏华：《媒介分析：传播技术神话的解读》，复旦大学出版社2002年版，第6页。
③ 王颖吉：《美丽新世界中的文化危机》，《文艺研究》2010年第6期。
④ ［美］尼尔·波斯曼：《技术垄断：文化向技术投降》，何道宽译，北京大学出版社2007年版，第15页。

时间的规则化、机器生产力的增强、商品的丰富多样化、时间障碍和空间距离的克服、产品和业绩的标准化、技能转化为自动操作以及集体互赖的加强，所有这些都是我们机器文明的主要特征。它们是区别于西方文明与其他各种早期文明的特殊的生活方式和表达方式。然而在技术改善向社会进步的转化传递过程中，机器体系经历了曲解和偏差。它不是被看成服务于生活的工具，反而变为一股绝对的力量和社会的控制力。① 这是因为，技术统治时代的文化关注的是发明机器。机器改变人的生活，这被认为是理所当然的事情。有的时候，人仿佛是被当作机器，而这又是技术发展必要而不幸的条件。不过在技术统治条件下，这样的状况并不被认为是一种文化哲学。技术统治论并不把宏大的还原主义作为目的。还原主义认为，人生的意义要到机器和技术里去寻找。与此相反，技术垄断论则把宏大的还原主义作为目的。② 因此，技术统治文化还没有具备完全摧毁工具使用文化的力量，但是距离工具使用文化的基本消失已经不远了。在技术统治文化时代的机器产业中，当人退化成机器人的时候，机器就能够名正言顺地替代人。当留声机和收音机使人们不再有歌唱冲动的时候，当摄像机使人们不再有观察欲望的时候，就距离瘫痪只有一步之遥了。③ 那就到了技术垄断文化的时代了，技术成了统治一切的集权式力量。在这样的技术体系中，媒介技术渐趋成为左右人类的决定性力量，人已经站在了丧失主导性的危险边缘。

二 从技术统治文化到技术垄断文化

从 20 世纪开始，人类文化从技术统治文化走向了技术垄断文化，正是在这个文化转向过程中，人对技术的控制很快丧失掉了，反而对技术的依赖日益加深，人失去了自主性转而依附于技术。在这其中，媒介和信息技术控制了人本身，成为了人的异己力量。

技术垄断是一种特殊的文化状态，它是对技术的神化，文化要想获得

---

① ［美］刘易斯·芒福德：《技术与文明》，陈允明等译，中国建筑工业出版社 2009 年版，第 250 页。
② ［美］尼尔·波斯曼：《技术垄断：文化向技术投降》，何道宽译，北京大学出版社 2007 年版，第 30 页。
③ ［美］刘易斯·芒福德：《技术与文明》，陈允明等译，中国建筑工业出版社 2009 年版，第 304 页。

自己的权威,就必须到技术垄断里去寻求并接受技术的指令。然而就传播技术领域而言,信息控制机制随着信息供应量的增加而受到很大的压力,为了对付新的信息,就需要增补控制机制,但新的控制机制本身就是技术,它们又反过来增加信息的供应量。当信息的供应量无法控制时,个人的心宁神静和社会生活的宗旨就必然会崩溃而失去防卫。抵御信息泛滥的防御机制崩溃之后,社会遭遇的后果就是技术垄断。技术产生的信息压制文化时,文化试图把技术作为手段,以提供明确的方向和富有人情味的生活目的,但事与愿违,这样的努力注定要失败。① 因此,媒介与信息技术在技术垄断文化的时代取得了迅速膨胀,同时又成为维护技术垄断文化的重要力量。

技术取得垄断的方式是非常独特的,它运用始终如一的微笑服务和无休止的娱乐精神,对宗教、艺术、家庭、政治、历史、真理、隐私、智能的意义进行重新界定,以让这些观念适应技术扩张的要求。技术垄断所采取的策略是通过推行享乐主义和娱乐精神使那些具有可选择性的方案都消失得无影无踪,并失去意义,最终实现技术垄断的一家独尊的集权主义统治局面。② 在这个过程当中,媒介与信息技术担任了摧毁传统世界观和文化最重要的旗手。

人们原来设想,信息、理性和实用性关系密切。但随着19世纪中期电报的发明,这一点合法性就开始丧失。电报发明之前,信息流动只能够像火车一样快:大约每小时35英里。此前,获取信息的目的是理解和解决具体的问题,信息往往只能够在局部范围内引起人们的兴趣。电报技术使这一切改观,激起了信息革命的第二个阶段。电报消除了信息运动的空间障碍,使空间不再是必然的制约条件,运输和通信首次分离开来。在美国,电报抹掉州际界限,地区分割随之崩溃,北美大陆被包裹在一个信息网格里,造就了一个统一的民族国家。尤为重要者,电报技术产生了不受语境约束的信息观念。电报也使得报纸的命运不再依靠新闻的质量或实用性,而是依靠它们提供新闻的数量、距离和速度了。摄影术的发明几乎和电报同时,它启动了信息革命的第三个阶段。以照片为前锋的新影像不仅

---

① [美]尼尔·波斯曼:《技术垄断:文化向技术投降》,何道宽译,北京大学出版社2007年版,第42页。
② 王颖吉:《美丽新世界中的文化危机》,《文艺研究》2010年第6期。

是语言的补充，而且倾向于取代语言，成为我们构建、理解和验证现实的主要手段。20世纪来临时，语词和图片表达的信息量以指数级迅猛增长。电报技术和摄影术领先，一个新的信息定义随之产生。这样的信息排除互相关联的必然制约，信息在脱离语境的情况下展开，有助于迅捷的流动性，排斥历史连续性，以迷人的魅力取代复杂性和连贯性。接下来，西方文化气喘吁吁地遭到第四阶段的信息革命：广播。紧接着发生的是信息革命的第五个阶段：计算机技术。每一个阶段都携带着新的信息形式，信息量前所未有，信息流动的速度增加。① 计算机已经不同于以往的任何机器，它的强大运算能力和极具替代性的多样功能，使得人们可以拱手将自身遇到的难题交给计算机来解决，人们对计算机更是顶礼膜拜，人类文化加速进入了技术垄断文化的最高峰。

第二节 媒介依存论与人的异化

在现代生活当中，人们已经不可能再离开媒介而生存，但是如果人们过度依赖媒介，就会形成媒介依存症，从而造成人的异化，越是不断出现新媒体，这种异化现象就越是加剧，需要引起人们的充分警惕。

一 媒介依存论与新媒体依存

随着媒介技术文化的变迁，工具使用文化转变为技术垄断文化，媒介技术也一步步加深了对人的影响乃至控制，尤其是媒介和信息技术的飞速发展，导致信息的泛滥和信息防御机制的失灵，反过来又导致信息技术的进一步发展和对人的更深一层的主宰。人们逐渐丧失了主导性而依存于媒介环境。媒介依存乃至异化的现实也得到人们越来越多的反思。

1976年，美国传播学家鲍尔·洛基奇和德福勒在《大众传播绪论》一文中首次提出"媒介系统依赖理论"。该理论立足于"受众—媒介—社会"的三角关系，从媒介生态环境的维度检视人类的信息传播系统。鲍尔·洛基奇和德福勒将受众对媒介的依赖关系划分为微观与宏观两个层面，并将微观层面的个人依赖视为基础性、根源性的，包括理解依赖、导

---

① [美]尼尔·波斯曼：《技术垄断：文化向技术投降》，何道宽译，北京大学出版社2007年版，第39页。

向依赖和娱乐依赖。在此基础上才构成集体性、区域性的宏观依赖。① 人对媒介的基础依赖关系中，理解依赖包括理解自我和理解社会的依赖，导向依赖包括行为导向和互动导向的依赖，娱乐依赖包括单独娱乐和社交娱乐的依赖。以理解性目标的实现来看，现代人必须依靠大型的社会信息系统即大众传播系统提供的信息环境或拟态环境来实现对现实世界的认知。当环境变化越剧烈时，外在世界的"不确定感"就越大，人们对媒介的依赖就越深。导向性依赖则主要是指人们普遍依赖传播媒介所提供的社会规范、社会准则来指导自己的言行和与他人相处的方式。依赖媒介作为中介的娱乐方式，改变了传统娱乐的亲身参与性，使其成为身体缺位的间接活动。当人们对媒介的依赖达到一定程度并且成为习惯时，受众对各种信息的需求就逐渐由对媒介本身的需求所替代，媒介由工具转为目的。②

    德国社会学家马克斯·韦伯提出了"工具理性"这一技术哲学上的重要概念，它指的是"通过对外界事物的情况和其他人的举止的期待，并利用这种期待作为条件或者手段，以期实现自己合乎理性所争取和考虑的作为成果的目的"。③ 但是，工具理性本身是有缺陷的，它并不能解决价值理性的问题，人们创造了技术工具，并使得技术越来越强大，人本身却逐渐迷失在技术当中。互联网的发展则让人们进一步迷失在了新媒体时代，形成了更深层的理解依赖、导向依赖和娱乐依赖，并由此患上了更严重的媒介依存症。对于具体个人而言，为了摆脱时间对自己的压迫，最简便的方法是逃进一个公众时间，而为了消除空间方面的孤寂，最简便的方法是将自己与公众打成一片。如此，个人在时空两方面的焦虑都可以用享受现代化的方式消除掉。④ 马歇尔·麦克卢汉曾用一个巧妙的比喻"鱼儿知道它在水里吗？"来比喻人类对媒介环境的不觉和依赖。因为一切媒介都是人的延伸，它们对人及其环境都产生了深刻而持久的影响。这样的延伸是器官、感官或曰功能的强化与放大。无论什么时候发生这样的延伸，中枢神经系统都要在受到影响的区域实行自我保护的麻醉机制，把它隔绝

---

    ① 孟珊珊：《"媒介系统依赖理论"的凸显与转向》，《青年作家·中外文艺》2009年第12期。

    ② 樊葵：《媒介崇拜论》，中国传媒大学出版社2008年版，第19页。

    ③ ［德］马克斯·韦伯：《经济与社会》（上卷），林荣远译，商务印书馆1997年版，第56页。

    ④ 支庭荣：《大众传播生态学》，浙江大学出版社2004年版，第171页。

起来。结果，就在新媒介诱发的新环境无所不在并且使我们的感知平衡发生变化时，这个新环境也变得看不见了。① 就如今天的移动手机网络、无线互联网络等追求的"无时不在"与"无处不在"的目标一样，人们生活在网络环境中，对这种网络的存在已经浑然不觉。依托互联网技术和信息技术而不断创造出来的新媒体更是加重了人类的媒介依存症。

二 新媒体依存下人的异化

新媒体依存下，媒介和人的关系出现异化，作为客体的媒介异化为压抑人的主体。"异化"这个概念创始于黑格尔，继承于费尔巴哈，完成于马克思。"异化"的主要含义是主客异位或颠倒，主体在一定的发展阶段分裂出对立面并成为外在的异己力量。媒介本是作为主体的人的创造物，但媒介的发展使其不满足于自身的工具性存在，而且社会世界的急剧变化使得媒介有了独立的可能，从根本上促成了媒介对人的支配关系。媒介在工具理性驱使下渗透现代社会的各个层面。工具理性导致人的对象化，人不再是主体，人也不再是目的。② 异化现象在传统媒介里已经得到了充分的体现，而在新兴媒介领域中得到的是更严重的异化，尤其是互联网技术带来的异化最为使人堪忧。

互联网技术作为新媒体发展的基础，催生了诸多网络媒体类型，所依托的网络终端电脑对普通人产生了很大的影响，他们的隐私更容易被强大的机构盗取。他们更容易被人追踪搜寻、被人控制，更容易受到更多的审查，他们在泛滥成灾的垃圾邮件里苦苦挣扎。他们容易成为广告商和政治组织猎取的对象。③ 互联网的出现更诱发了一种现代心理疾病，美国心理学家称其为"病态使用互联网症"（Pathological Internet Use，PIU），其中网络成瘾症（Internet Addiction，AI）尤其是青少年人群的网络瘾溺现象，已经成为一个令社会学家、教育学家、心理学家忧心忡忡的社会问题。④ 网络成瘾症是由于过度地使用网络而导致的一种慢性或周期性的着迷状

---

① ［美］埃里克·麦克卢汉、弗兰克·秦格龙：《麦克卢汉精粹》，何道宽译，南京大学出版社 2000 年版，第 360 页。
② 樊葵：《媒介崇拜论》，中国传媒大学出版社 2008 年版，第 38 页。
③ ［美］尼尔·波斯曼：《技术垄断：文化向技术投降》，何道宽译，北京大学出版社 2007 年版，第 5 页。
④ 樊葵：《媒介崇拜论》，中国传媒大学出版社 2008 年版，第 22 页。

态，并产生难以抗拒的再度使用的欲望，同时产生想要增加使用时间、耐受性提高、出现戒断反应等现象，对于上网所带来的快感会一直有心理与生理上的依赖。[①] 从更深一层的意义上来理解媒介沉溺，它不仅指媒介行为的不能自制，同时也指人们面对媒介时在心理上所呈现出的一种无意识、无抵御的麻痹状态。我们对生活变得疏离冷淡。电子通信技术和电脑互联网技术的发展，尤其是因特网的崛起，使个人有可能独坐一室而"联络全世界"，其负作用是亲身与人接触、与自然接触的必要性由此削弱。约翰·奈斯比特等感到"科技确实已在使人疏离人、疏离自然、疏离自我。科技会造成实质与情感上的距离，把人剥离自己的生活"。[②] 人过度地依赖媒介而生存，完全依靠在媒介化的生存方式中寻找意义和价值，人因此而迷失在了媒介网络的世界中。

人类正在面临这样的危险，当人类在试图寻找新的技术和媒介解决人类面临的困境时，人的异化不但没有减轻，反而更为加重了。

第三节　iPad 依存与人的异化

iPad 作为高端技术的产物，给人类带来人性化体验的同时，也带来了更深层的媒介依存，导致的异化现象更为严重。那么，认识清楚这种异化现象并主动探求消除这种异化的途径，需要人们不断深思和努力。

一　iPad 导致的异化现象

iPad 作为人类最新的技术媒介，它是否也能导致人的异化呢？答案是肯定的，它的人性化是人所共知的，然而它导致人的异化恐怕也需人们的高度警觉。iPad 高性能的人机互动和完美体验，对用户持续使用有很强的吸引力。iPad 本身是人性化的媒介工具，但由于人们的过度使用就形成了异化现象。

美国科技博客 Business Insider 对 2242 名 iPad 用户的使用习惯做出调查，64%的受访者表示，买了 iPad 后，花在 iPad 上的时间越来越多。在

[①] 陶然：《网络成瘾的诊断与治疗》，《中华临床医学杂志》2007 年第 2 期。
[②] ［美］约翰·奈斯比特、娜娜·奈斯比特、道格拉斯·菲利普：《高科技高思维：科技与人性意义的追寻》，尹萍译，新华出版社 2000 年版，第 28 页。

第六章 人性化反思：iPad 与人的异化 153

手机、iPad、笔记本电脑、台式机四项电子设备使用比例上，iPad 的使用时间达到 41%，居第一位。其次是笔记本电脑（25%），台式机和智能手机比例一致（17%）。而在上网方式中，45.4% 靠 iPad 完成，13.5% 靠智能手机，超过 60% 的上网已经远离了传统设备。① 人们使用 iPad 的时间越长，iPad 就在人们日常生活中变得越加重要，从而越是离不开 iPad。当人们对 iPad 的依赖程度超过一定限度时，人的异化现象随之产生。

实际上，iPad 用户在长期使用之后对 iPad 的迷恋已经形成一种不正常现象了。国外媒体一项对 1300 名 iPad 用户的调查显示：iPad 用户中，34% 的人不穿衣服就玩 iPad；60% 的用户上厕所时玩 iPad 已经成为习惯；21% 的用户表示他们曾在浴缸中玩 iPad；24% 的用户表示他们边走边玩 iPad 的时候撞到了路人；92% 的用户会在旅行中随身携带 iPad；73% 的用户会在飞机上玩；47% 的用户会在客户会议中携带 iPad。当被问及 iPad 丢失问题时，46% 的用户表示宁愿丢失的是他们的信用卡；42% 的用户表示宁愿丢失的是他们的证件；20% 表示宁愿丢失的是婚戒。更可笑的是，竟然有 40% 宁愿自己的车被撞了、16% 宁愿折断自己的一根骨头、10% 宁愿被罐头击中以换取自己的 iPad 不被摔坏。② 已经拥有 iPad 的人达到如此依赖的程度，而没有 iPad 的人正迫切希望得到一个 iPad。英国博彩网的一项调查数据显示，对于少数单身男人来说，苹果新 iPad 的魅力已经超出了女性，其中 11% 的男士（大学本科以上学历）表示比起女朋友来说，自己更想要新 iPad，而另外接受调查的 600 名男士当中有 3% 表示，为了一部新 iPad 可以放弃自己的女朋友。③

而在中国，竟然出现了为购买 iPad 而卖肾的真实事件。"当时想要买一个 iPad 2，但是没钱。在上网时，有卖肾中介发信息来，说卖一个肾可以给我两万块。"就是这样的一个简单理由，安徽的 17 岁高中生小王在网上黑中介的安排下，卖掉了自己的一个肾。小王得到了卖肾的 2.2 万元钱之后，立刻去购买了一台"苹果"手机和 iPad 2。卖肾之后，小王的身

---

① TechWeb：《iPad 用户习惯调查报告》（http://it.sohu.com/20120719/n348579816.shtml）。
② 中关村在线：《夸张可笑的调查宁折断骨头也不弃 iPad》（http://pad.zol.com.cn/322/3227443.html）。
③ 雪花：《11% 的男屌丝不爱女友爱新 iPad》（http://news.mydrivers.com/1/225/225763.htm）。

体状况越来越差，检查结果为肾功能不全，经鉴定构成重伤、三级伤残。① 类似这种非理性的行为实在令人担忧。为了得到 iPad 竟然可以做这么极端的事情，可见 iPad 对于人们的吸引力之大了，而 iPad 本质上并不是人们生活的必需品。

如果说 iPad 对于成年人而言都可以上瘾的话，那么对于广大儿童而言，iPad 则带来了更大的弊病。《2012 年城市儿童快乐指数报告》显示，7 岁以上儿童六成有 QQ，两成有 iPad，很多孩子从小就成为"宅童"。网络、通信电子的发展不断改变着人们的生活方式，在丰富生活、带来便利的同时，也会产生很多负面影响，尤其是对于自制力相对较弱的儿童。iPad 线上娱乐吞噬线下娱乐，让很多孩子很小就成为"宅童"。很多孩子因此变得对大自然不感兴趣，寡言少语，不爱与人交往。不仅是在中国，据国外媒体报道，美国儿童也普遍沉溺于 iPad，这一情况引发家长忧虑。②

随着孩子们对高科技新"玩具"上瘾，质疑也越来越多。以"00 后"为主体的城市青少年被很多网民称为"iPad 一代"，其最显著的特点就是对智能科技产品的兴趣和依赖度远远超过以往的孩子，与世隔绝的"iPad 一代"思维逻辑会越来越像软件程序，无法承受社会复杂多元的挑战，甚至被打上孤僻"电子娃娃"的标签。电子产品也可能成为"健康杀手"。上海几家医院的门诊医生都感到手机、iPad 等电子产品对学生视力的影响逐渐增大：4 岁宝宝近视 200 度，小朋友视力从 1.0 降到 0.5，眼科诊室外孩子排排坐。③ 年龄越小的用户自制力越是不足，就越容易迷恋上 iPad，关键是由此造成的负面作用实在令人担忧。

二　异化现象的消除策略

人们对 iPad 的过度使用造成了异化现象，能否使人们对 iPad 的使用成为一种趋利避害的良性行为呢？

---

①　新浪科技：《高中生为买 iPad 2 卖肾导致三级伤残》（http：//tech. sina. com. cn/it/2012 - 04 - 06/17406921317. shtml）。

②　杨帆：《7 岁以上儿童 2 成有 iPad 00 后渐成宅童一代》（http：//www. gmw. cn/cg/2012 - 06/02/content_ 4266676. htm）。

③　黄茜：《iPad 一代正成为孤僻的"电子娃娃"》（http：//news. xinhuanet. com/health/2012 - 06/01/c_ 123221943. htm）。

第一，大力开展新媒体素养教育。人们在当前新媒体科技日新月异和新兴媒体不断诞生的环境中，却显得接受乏力。许多民众未能很好地理解新兴媒体，既不能理性认识新兴媒体的本质属性和内在特征，也不能有效地使用新兴媒体服务于自身。人们在 iPad 的认识和使用上就存在这些问题，有人将它看成纯粹的电子玩具，有人将它看成象征地位的高端产品，有人将它看成儿童的超级保姆，有人将它看成取代一切的媒介终端……因此，有必要采取各种形式，大力开展新媒体素养教育，提高受众的新媒体素养，增进人们对 iPad 等新兴媒体的全面认识，从而正确地使用 iPad，造福于人本身。

第二，自觉严控 iPad 使用时间。iPad 媒介的"综合性"特征，使得任何人都能从 iPad 的使用中满足自身的不同需求，而且用户往往在 iPad 不同的功能之间进行交替使用，不想看新闻了就可以看视频节目，看视频节目没意思了就可以玩游戏，玩游戏腻了可以直接浏览网页，浏览网页烦了还可以通过社交媒体应用与朋友分享信息……用户在不知不觉中就在 iPad 上面花费了许多的时间，如果使用时间过长，就会对人的精神和身体造成双重的伤害。因此，用户应当严格控制 iPad 使用时间，尤其是广大青少年的 iPad 用户群。

第三，转移注意力和培养新兴趣。人们使用 iPad 的时间越长，就越是离不开 iPad。iPad 用户要从对 iPad 的集中关注和使用上转移注意力，可以接触一下其他的信息源媒介，如看看电视、读读报纸，与家人、朋友聊聊天等，同时可以培养一些其他方面的兴趣爱好，如棋类、运动等更健康的休闲方式，通过其他的兴趣活动来分散 iPad 的使用时间，这个尤其要着重对青少年 iPad 用户进行培养，避免出现一旦离开 iPad 就无聊的状况。

第四，参与集体活动，减少个人独处。由于长期依赖网络、电脑和 iPad 等终端媒介而宅居室内的"宅男""宅女"甚至"宅童"们，亟需从个人独处的狭隘空间中走出来，积极参与一些社会组织层面的或群体性的健康有益的活动。尤其对于被称为"iPad 一代"的"00 后青少年"，更应该注意接触大自然和参与户外的活动，避免一人独处在家造成的身心不利后果。

第五，iPad 增设自动提醒功能。作为 iPad 的生产商苹果公司有责任继续完善 iPad 的使用功能，不仅是为用户提供人性化的使用体验，还应为用户的身心健康负责。因此，在 iPad 中设置时间自动提醒功能，如连续使用一个小时后，iPad 就会自动弹出对话框或屏幕闪烁等方式提醒用户休息，并实现功能区分，如自动与游戏功能或应用相联，一旦游戏时间超时，提醒无效后则自动关机一段时间。这是从技术上消除 iPad 导致异化现象的方法。

第七章

结论：iPad作为人性化媒介的新起点

第一节　iPad热潮与平板媒介之进化

iPad不仅引起世界范围内的新媒体热潮，使得iPad行业迅速发展，同时也促进了iPad媒介形态的进化与创新。

一　iPad引发新媒体热潮

iPad引发的新一轮媒介热潮，不仅火了iPad品牌，更带动了整个iPad行业的飞速发展，同时也对传统互联网终端市场重新洗牌。2012年10月24日，苹果公司发布了包括Mac mini、iMac、13英寸Retina Macbook Pro、iPad mini和第四代iPad在内的五款系列新品。

苹果现任CEO蒂姆·库克公布了一些数据，其中IOS app数量已经突破70万个，而iPad app也达到了27.5万个，iPad的累计销量也突破1亿台。① 三个月后的2013年1月24日，市场调研公司ABI Research预计，2013年全球iPad出货量将达1.45亿台，较2012年的1.12亿台增长29.5%，由此可见iPad引领的iPad潮流扩散之迅速。

此外，还有更使人震惊的一个调查，NPD Display Search通过研究"显示面板"去向的调查表明，2013年iPad出货将达2.4亿台，超越笔记本电脑的2.07亿台。2017年，全球平板和笔记本市场中平板将占75%，换言之平板将三倍于笔记本。乔布斯曾对此做过一个形象的比喻：在农业国家，所有的车都是皮卡，当人们过上都市生活后就改换轿车。而

---

① 网易数码：《iPad累计销量破亿凌晨苹果发布五款新品》（http://it.taobao.com/detail/2012/10/24/647359/2.php）。

轿车之于皮卡正如平板之于 PC（个人电脑）。①

二 平板媒介之进化创新

就 iPad 的使用体验而言，它毫无疑问是当下人们接触的最人性化的媒介终端之一。然而，它依然有诸多令人不满意的地方，这正有待于 iPad 自身的技术改进或者出现更高级的新型移动媒介终端。

目前，已经研发出了一种新型 iPadPaper Tabs，它是一款像纸一样薄的 iPad，其手感非常"纸质"，可以随意弯曲，而且非常轻薄。使用了全新的平板交互方式，轻触即可传递信息，自由弯曲即可操作平板。开发 Paper Tabs 的公司 Plastic Logic 表示，其最终的目标就是要模仿手持一叠纸张的自然质感。② 从媒介进化论的角度来看，媒介总是通过不断的补救性措施得以进化的，这个进化过程没有终结，iPad 只是媒介进化中形成的一次高峰。

第二节 iPad 媒体运营实践之反思

纵观当前的 iPad 媒体的运营实践，存在如下两个主要问题，亟待进一步反思。

一 iPad 媒体的生产经营问题

第一，大部分 iPad 媒体的生产尚未把握其制作规律。iPad 媒体的概念，相较于传统纸媒和广播电视媒体以及传统网络媒体，已然有了质的不同，它基于 iPad 的独特功能和超强体验，试图融合多媒体化的信息模式和多样化的互动形态。但就目前绝大部分 iPad 媒体而言，其生产制作规律还在摸索状态，主要表现如下：缺乏充足的专业制作人员乃至制作团队；多媒体形态没有得到充分实现和恰当使用；新闻以外的信息服务功能未得到充分挖掘；一些信息功能设置不符合受众的使用体验。在没有摸索出 iPad 媒体的制作规律前，就不可能制作出消费者高满意度的产品，更

---

① 199IT：《出货量将达 2.4 亿台超越笔记本电脑 2.07 亿台》（http://www.199it.com/archives/89715.html）。

② 崔绮雯：《轻薄的"纸质"，温柔的平板》（http://www.ifanr.com/231852）。

不用奢谈达到 iPad 媒体的唯一性或不可替代性。

第二，iPad 媒体的营销与经营尚未探索出成熟的模式。从目前 iPad 媒体来看，营销与经营层面产生的效益非常有限，这不仅是中国媒体而且也是世界媒体面临的难题。传统媒体的"二次出售"模式已然非常成熟，而 iPad 媒体是单纯采取"付费"模式，还是"付费+广告"模式，抑或是"免费+广告"模式，虽然有少数媒体进行了有益尝试并取得了一点成效，但在短时期内不可能形成一种稳固的成熟商业模式，需要在实践中不断摸索和尝试。

二　iPad 媒体的用户市场问题

第一，iPad 媒体的用户市场尚未打开局面，用户缺乏对 iPad 媒体的充分认知和使用。全世界媒体掀起 iPad 热潮的同时，iPad 用户未必买账，他们未必像媒体机构那样如此关注 iPad 媒体，未必主动去认识并接触 iPad 媒体，更谈不上养成使用 iPad 媒体的习惯了。中国众多 iPad 用户更是将 iPad 仅仅看作新型的游戏与上网工具，而对于媒体类 iPad 应用缺乏认知。

第二，iPad 媒体的受众对媒体类应用付费接受乏力，尚需很长一段时间的付费市场培育期。当前中国几乎所有的 iPad 媒体均为免费，一般认为这只是一个过渡阶段，在成熟的时候实行付费使用是大势所趋。然而，中国消费者早已在网络时代养成了网络信息免费的习惯，当他们通过 iPad 可以轻松浏览海量网页免费信息时，是否愿意为媒体类 iPad 应用付费就成为一个难题，尤其在 iPad 媒体远未成为不可替代性产品的情况下，读者就会对媒体类应用付费接受乏力，对于国外一些深具影响力的 iPad 媒体而言，付费使用尚且是一种考验，中国就更需一定时间的培育了。

第三节　iPad 媒体未来发展之判断

本书对 iPad 媒体的未来趋势形成了如下判断。

一　生产运营将更趋成熟

iPad 媒体的数量将继续快速增长，而且将会更加多元化。面对 iPad 用户数量的迅猛增长并很快形成的庞大规模，使得传统媒体不得不纷纷加快向这个强大平台进军的步伐。可以预见的是，中国 iPad 媒体的数量将继续保持快速的增长，由三年多来的 iPad 媒体发展状况就可见一斑。

iPad 媒体的制作水平将普遍提高，并将形成较为成熟的制作模式。随着 iPad 用户数量的倍增以及用户使用 iPad 媒体的习惯逐渐养成，iPad 媒体的专业制作团队将随之组建，随着 iPad 媒体的生产制作经验不断积累以及传媒业界和学界的不断深入研究和交流，iPad 媒体的制作水平将迅速提高，而且 iPad 媒体在 iPad 用户中趋于普及的情况下，制作水平的提高将是整个 iPad 媒体行业的普遍提高，进而形成较为成熟的行业制作模式。

iPad 媒体的经营模式将逐渐明晰，带来传统媒体成功的 iPad 转型。随着 iPad 媒体经营模式的不断探索，"付费"模式、"付费＋广告"模式以及"免费＋广告"模式，都将接受 iPad 媒体市场的考验。对于不同的 iPad 媒体而言，可能采取不同的经营模式甚至开创新营利模式。但不管怎样，经营模式将由个案的成功尝试向整个行业推广开来。经过一定时期之后，经营模式将逐渐明晰，真正为 iPad 媒体带来效益，从而带来传统媒体成功的 iPad 转型。

二 用户体验将更受重视

iPad 媒体的用户体验指标将受重视，成为 iPad 媒体改进的重要航向标。将来的 iPad 媒体会改变当下媒体单方面主导媒体制作的局面，而将充分考察 iPad 媒体用户的体验和意见，并将用户体验指标放在极为重要的地位，采取各种办法进行受众层面的调查研究，获取真实的受众体验信息，进而以之作为 iPad 媒体改进的重要航向标。

iPad 媒体的人性化诉求不断提高，将随 iPad 的研发改进而更趋人性化。如何更好地满足 iPad 媒体用户的信息需求，这是 iPad 媒体发展的永恒主题，而媒介进化的步伐是不会停下的，iPad 作为最新的补救性媒介，是目前最为人性化的媒介终端平台，但是它依然存在许多不完善之处，需要不断对自身的缺陷进行弥补。随着 iPad 本身不断研发和改进，iPad 媒体也必然朝着更趋人性化的方向发展。

第四节　iPad 与媒体融合之未来

一　iPad 奠定媒体融合之基

未来的 iPad 将是能够自由折叠和展开的更加灵巧轻便的移动媒介终

端，它将更符合人性化的需求。被称为"数字时代的麦克卢汉"的美国学者保罗·莱文森就认为未来的媒介产品将能够折叠起来放进口袋里，但打开之后你根本看不出它曾经折叠过，而且处理速度会更快。① 或许这正是 iPad 未来的进化方向，而 iPad 媒体毫无疑问也将更趋人性化。

有学者大胆构想了未来的一种高度融合的媒介形态：屏幕上显示的报纸为全色印刷，有头版、标题、内容和图片。设计看上去仍是报纸，但它又不仅仅是报纸，随着光笔的点击，一个新闻图片可以迅速转变为音频和视频。再一次点击，屏幕上将出现对该则新闻的历史分析。再一次点击，可以激活麦克风，使用语音给编辑发邮件表达个人感受。个人通信服务技术可以自动地将声音发送给编辑，编辑听到后可以将自己的语音信息反馈给读者。如果被某则广告吸引了视线，读者还可以使用光笔去提取关于该产品的更多信息以决定是否购买。② iPad 为这种融合媒体形态奠定了良好的基础，并且已经提供了这种媒体形态的雏形。

二　iPad 预示媒体融合未来

从媒介进化的历史长河来看，iPad 本身也在不断进化之中。遥想以后一定会不断涌现出其他更人性化的媒介，这也为日后的媒介融合不断提供新的可能。而新兴媒介越来越人性化的同时，也越来越需要解决媒介依存症带来的人的异化问题。这本身就是一对矛盾。然而，人类正是在矛盾的不断解决中得以进步的。

从媒介进化论的视角来考察 iPad 媒介，我们既看到了媒介的过去，也预见到了媒介的未来……传统媒体与新媒体之间日益趋向融合，而这种融合形态将朝向更加人性化的形态不断演进。媒体融合的"人性化"因素绝对不只是一个标签，而是真正立足于媒体用户本身，付诸于切实的媒体融合实践。

---

① 付晓光、田维钢：《媒介融合的前世、今生和未来——美国著名媒介理论家保罗·莱文森访谈》，《现代视听》2011 年第 12 期。

② [美] 约翰·帕夫利克：《新媒体技术——文化和商业前景》，清华大学出版社 2005 年版，第 339 页。

参考文献

一 中文文献

论文文献

[1] 贡少辉：《进化认识论对保罗莱文森媒介理论的影响》，《东南传播》2010年第7期。

[2] 付晓光、田维钢：《媒介融合的前世、今生和未来》，《现代视听》2011年第12期。

[3] 郑恩、林大力：《原则、理论、趋势——研究媒介进化的断面理论》，《重庆工商大学学报》（社会科学版）2009年第8期。

[4] 范东升：《iPad是什么》，《南方传媒研究》2010年总第25期。

[5] 尹良润：《iPad：不仅是终端，更是平台》，《中国记者》2011年第3期。

[6] 李北陵：《"iPad电子报纸"未必是"救星"》，《青年记者》2011年第4期。

[7] 张艳、范以锦：《当传统报纸遇到iPad》，《新闻前哨》2011年第3期。

[8] 杨国强：《iPad是传统媒体的救命稻草吗》，《IT经理世界》2010年第12期。

[9] 杨秀国、李行：《iPad——报纸发展的革命性变革》，《采写编》2011年第6期。

[10] 彭兰：《iPad传播：新空间与新模式》，《对外传播》2011年第2期。

[11] 石长顺、景义新：《中国报业的iPad生存》，《现代传播》2012年第5期。

[12] 邰书锴：《论报业转型中的新经济模式》，《中国出版》2011年第5期。

[13] 毛磊：《iPad或令传统报业找到新机会》，《中国传媒科技》2011年第10期。

[14] 张振华：《从iPad热看传统媒体的转型》，《青年记者》2010年第22期。

[15] 罗昶：《基于iPad的传统报刊数字化衍变层次分析》，《编辑之友》2011年第12期。

[16] 黄楚慧：《报纸消亡和报社新媒体布局》，《新闻传播》2010年第6期。

[17] 吕国先、何小军：《触控型移动数字终端对报业的影响》，《新闻界》2011年第2期。

[18] 刘晓博：《iPad时代报业的走向》，《新闻知识》2011年第1期。

[19] 王松苗、路倩雯：《iPad冲击下的报业生存》，《新闻战线》2011年第8期。

[20] 林娜：《从平板应用看报业的数字化未来》，《中国报业》2011年第8期。

[21] 胡佳莹、尤建忠：《iPad美国市场面面观及其对传统出版业的影响》，《出版参考》2011年第9期。

[22] 邓建国：《报业的拯救者还是技术公司"渠道为王"？——美国报业iPad应用观察与思考》，《新闻记者》2011年第6期。

[23] 王赛男、杨新敏：《美国传统媒体与iPad的融合之路》，《新闻研究导刊》2011年第5期。

[24] 张磊：《新形态和新经济：iPad的英国报纸与杂志》，《青年记者》2011年第23期。

[25] 尤建忠：《国外iPad上的期刊自办发行现状初探》，《出版广角》2011年第7期。

[26] 范东升、梁君艳等：《The Daily：传统报业进军iPad世界的一场试验》，《新闻与写作》2011年第7期。

[27] 周瑜、周遂：《iPad〈日报〉横空出世的背后及启示》，《中国记者》2011年第3期。

[28] 林娜、黎斌：《iPad给力新闻集团引领"平板"策略》，《新闻界》

2011 年第 1 期。

[29] 余婷：《iPad 来了，它能否拯救世界报业——从〈华尔街日报〉iPad 版说开去》，《新闻实践》2010 年第 7 期。

[30] 田勇：《iPad 报："指尖魔术"——以 iPad 版〈宁波播报〉为例》，《新闻实践》2011 年第 11 期。

[31] 柳志卿：《京华时报移动新媒体的探索之路》，《中国报业》2011 年第 21 期。

[32] 解丹梅：《辽沈晚报的多媒体融合战略》，《新闻战线》2011 年第 6 期。

[33] 刘学义：《移动终端的杂志"客户端模式"》，《北京理工大学学报》（社会科学版）2012 年第 2 期。

[34] 彭晓文：《中国期刊在 iPad 平台发展的思考》，《新闻记者》2011 年第 12 期。

[35] 王冉：《iPad 一声哨响，期刊业转世的比赛开始了》，《中国广告》2011 年第 3 期。

[36] 韩梦怡：《iPad 报纸杂志类应用现状及用户体验观察——以 iPad 为例》，《无线互联科技》2012 年第 1 期。

[37] 李爽：《迎风而立——2010 年 iPad 带来的出版业数字化趋势分析》，《出版广角》2010 年第 11 期。

[38] 杨萦子：《出版业 iPad 应用的优劣势分析》，《出版参考》2011 年第 23 期。

[39] 程婷婷：《iPad 上的新闻图片客户端》，《中国记者》2011 年第 6 期。

[40] 张颐武：《电视的"临界点"：电视文化的三大趋势》，《环球》2011 年第 7 期。

[41] 张艳、范以锦：《当传统报纸遇到 iPad》，《新闻前哨》2011 年第 3 期。

[42] 盛佳婉、范以锦：《当纸媒拥抱 iPad，付费梦想能否照进现实》，《新闻实践》2011 年第 4 期。

[43] 唐润华：《看上去很美——iPad 之于传统报刊》，《中国记者》2011 年第 1 期。

[44] 李北陵：《"iPad 电子报纸"未必是"救星"》，《青年记者》2011

年第 4 期。

[45] 陈国权：《iPad：不能成为报业未来的救星》，《中国报业》2011 年第 15 期。

[46] 陈禹安：《纸媒"iPad 转型"四大战略疑点》，《中国记者》2011 年第 2 期。

[47] 尹明华：《产业发展：从想象到现实》，《传媒》2010 年第 9 期。

[48] 吕怡然：《报纸将在 iPad 上变形转型？——iPad 上的中国报纸以及初步阅读体验》，《新闻记者》2010 年第 11 期。

[49] 章宏法：《报业转型五问——传统媒体数字化战略反思》，《中国记者》2012 年第 2 期。

[50] 朱学东：《iPad 来了，传统杂志如何生存？》，《传媒》2012 年第 2 期。

[51] 甘恬：《美英主流报纸数字业务付费革命之路》，《新闻实践》2011 年第 4 期。

[52] 冯叶：《适应还是死亡：美国新闻业的苹果之路》，《中国报业》2011 年第 21 期。

[53] 杨昌龙：《从 iPad 热销管窥移动互联网行业趋势》，《互联网天地》2010 年第 11 期。

[54] 陈春花：《从价值链到价值网络》，《IT 经理世界》2010 年第 15 期。

[55] 胡泳：《iPad 颠覆了什么》，《中国企业家》2010 年第 9 期。

[56] 练小川：《亚马逊阅读器与 iPad：孰优孰劣？》，《出版参考》2010 年第 21 期。

[57] 周冯灿：《iPad 与新闻阅读方式的变革及其影响：一种消费主义的视角》，《东南传播》2011 年第 6 期。

[58] 李友谊、于秀艳：《关于人性化的哲学思考》，《船山学刊》2006 年第 2 期。

[59] 张艳涛、赵一：《改革开放与人性化进程——兼论中国的人性化回归》，《天府新论》2011 年第 6 期。

[60] 李友谊：《人性化理念的哲学基础》，《齐鲁学刊》2007 年第 1 期。

[61] 彭列汉：《科技人性化的实现途径思考》，《科学学与科学技术管理》2005 年第 2 期。

[62] 张香萍：《传播技术变迁中媒介人性化解读》，硕士学位论文，天津

师范大学，2007年。
[63] ［美］罗杰·菲德勒：《美四大机构五项调查：谁在使用 iPad？平板移动电脑将迅速成为主流媒体》，《新闻实践》2011年第9期。
[64] Andrew Tribute：《iPad 的影响》，《数码印刷》2010年第5期。
[65] Rudolf Stober：《媒介进化是什么——新媒介历史的理论化阐释》，《国际新闻界》2007年第10期。

著作文献

[1] 李行健：《现代汉语规范词典》，语文出版社1998年版。
[2] 胡裕树：《新编古今汉语大词典》，上海辞书出版社1995年版。
[3] 吴国盛编：《技术哲学经典读本》，上海交通大学出版社2008年版。
[4] 张咏华：《媒介分析：传播技术神话的解读》，复旦大学出版社2002年版。
[5] 王海明：《人性论》，商务印书馆2005年版。
[6] ［美］保罗·莱文森：《手机：挡不住的呼唤》，何道宽译，中国人民大学出版社2004年版。
[7] ［美］保罗·莱文森：《数字麦克卢汉：信息化新纪元指南》，何道宽译，社会科学文献出版社2001年版。
[8] ［美］保罗·莱文森：《莱文森精粹》，何道宽编译，中国人民大学出版社2007年版。
[9] ［美］保罗·莱文森：《思想无羁：技术时代的认识论》，何道宽译，南京大学出版社2003年版。
[10] ［美］罗杰·菲德勒：《媒介形态变化：认识新媒介》，华夏出版社2000年版。
[11] ［美］刘易斯·芒福德：《技术与文明》，陈允明等译，中国建筑工业出版社2009年版。
[12] ［美］保罗·利文森：《软边缘：信息革命的历史与未来》，熊澄宇等译，清华大学出版社2002年版。
[13] ［加］埃里克·麦克卢汉、弗兰克·秦格龙：《麦克卢汉精粹》，何道宽译，南京大学出版社2000年版。
[14] ［加］马歇尔·麦克卢汉：《麦克卢汉如是说：理解我》，何道宽译，中国人民大学出版社2006年版。
[15] ［美］尼尔·波斯曼：《技术垄断：文化向技术投降》，何道宽译，

北京大学出版社 2007 年版。

[16] [美] 马克·波斯特：《第二媒介时代》，范静哗译，南京大学出版社 2000 年版。

[17] [美] 詹姆斯·凯瑞：《作为文化的传播》，丁未译，华夏出版社 2005 年版。

[18] [加] 文森特·莫斯可：《数字化崇拜：迷思、权力与赛博空间》，黄典林译，北京大学出版社 2010 年版。

[19] [英] 戴维·莫利：《传媒、现代性和科技》，郭大为等译，中国传媒大学出版社 2010 年版。

[20] [美] 约翰·帕夫利克：《新媒体技术：文化和商业前景》，周勇等译，清华大学出版社 2005 年版。

二 外文文献

[1] Paul·levinson, *Human RePlay: A Theory of the Evolution of Media. Ph. D. dissertation*, New York University, 1979.

[2] Rudolf·Stober, "What Media Evolution is: A Theoretical Approach to the History of New Media", *Journal of International Communication*, 2007 (10).

[3] H. Marcuse, "Industrialization and capitalism in the Work of Max Weber, in Negations", *Essays in critical Theory*, Boston: Beacon Press, 1968.

[4] Mcluhan, Marshall, *Understanding Media: The Extensions of man*, New York: Mcgraw-Hill. 1964.

[5] Williams, Raymond, *Television, Tecnologyand Culture Form, Second Edition*, London: Wm. Collins & o. Ltd., 1990.

[6] Balka, Ellen, *Rethinking "The Medium is the Message" Agency and Technology in Mcluhan's Writings*, Media international Australia incorporating Culture and Policy, 2000.

[7] Campbell, D. T., *Antique Household Gadgets and Appliances*, Woodbury, NY: Barron's, 1977.

[8] Jacques Ellul, *the Technological Society*, New York: Knopf, 1964.

[9] Daniel·Bell, *Technology*, "Nature, and Society" in the Frontiers of Knowledge, Grden city, n. y.: Doubleday. 1975.

[10] Paul levinson, "Aoy, Mirror, and Art: the Metamorphosis of Technological Culture", in *Technology, Philosophy, and Human Affairs*, ed. L. Hickman, College Station, tex.: Ibis Press, 1985.

[11] S. Thomas, *Studies in Mass Communication and Technology*, Norwood. N. J.: 1984.

[12] O. Spengler, *Man and Technics*, New York: Knopf, 1932.

[13] H. Innis, *Empire and Communications*, Toronto: University of Toronto, 1972.

[14] Michael Zimmerman, "Technological Culture and the End of Philosophy", *Research in Philosophy and Technology*, Vol. 5, 1979.

[15] Paul levinson & Stan Carpenter, "The Cognitive Dimension of Technological Change", Research in Philosophy and Technology, 1978.

[16] Hickman, L., *Technology and Human Affairs*, St. Louis, Mo.: Mosby, 1985.

[17] Darwin, C., *The Origin of Species*, Hammonds Worth, UK: Penguin, 1968.

[18] Mcluhan, M. & Mcluhan, E., *Laws of Media, The New Science*, Toronto: University of Toronto Press, 1988.

后　记

纵观当今的媒体世界，新兴媒体层出不穷，传统媒体与新媒体融合方兴未艾。国家层面亦在全力推动传统媒体和新兴媒体的融合发展。传媒学界和业界既需要宏观的指导性理论，亦需要中观与微观层面的对应研究。本书正是基于移动互联网终端 iPad 这一个案，管窥传统媒体与新媒体融合的人性化媒介形态，从中观和微观层面给予传媒学界和业界以参考和借鉴。

本书是我 2014 年承担的河北省社会科学基金项目"报刊媒体与新媒体融合发展策略研究"（项目编号：HB14WT005）、河北省高等学校人文社会科学研究优秀青年基金项目"移动互联网条件下的视听新媒体形态、特征、趋势与对策研究"（项目编号：SY14114）成果。本书获得河北经贸大学学术著作出版基金资助。

这部著作能够顺利完成，研究工作能够顺利开展，首先要感谢我的博士生导师石长顺教授。自从跟随恩师攻读广播电视学博士，恩师引导我从传统广播电视延伸到视听新媒体研究，进而使我顺利地介入网络与新媒体传播领域中，自此便聚焦于新兴媒体及媒介融合理论与实践。其间饱含了恩师的悉心指导与教诲。

我之所以能够比较安心地投身于我所热爱的新媒体研究工作，并逐渐取得一点点儿成果或成效，这与我的爱人沈静和父母在背后默默的付出与支持密不可分。如果没有他们对我无微不至的关心和照顾，就不可能有这些。

最后，衷心感谢中国社会科学出版社，尤其感谢出版社的编辑赵丽博士给予的热情关照，本书才得以顺利出版。当然，还有许多重要的人士，诸如我请教过的高校老师、媒体同人、同窗学友……他们在这部著作的研究和写作中曾给予我方方面面的指导和帮助，因此要感谢的人有很多，在此一并致以最诚挚的谢意！

  书稿虽出，而心有余悸，新媒体领域瞬息万变，书稿写就之时即面临新的变化，由于时间精力的限制，本人无暇跟进，加之本人的水平有限，书中难免有不当和错误之处，愿诸专家、同人给予批评和指正。

记于滹沱河畔

2014 年 10 月